KB018408

아름. 다움,
아름다움을 발견할 때

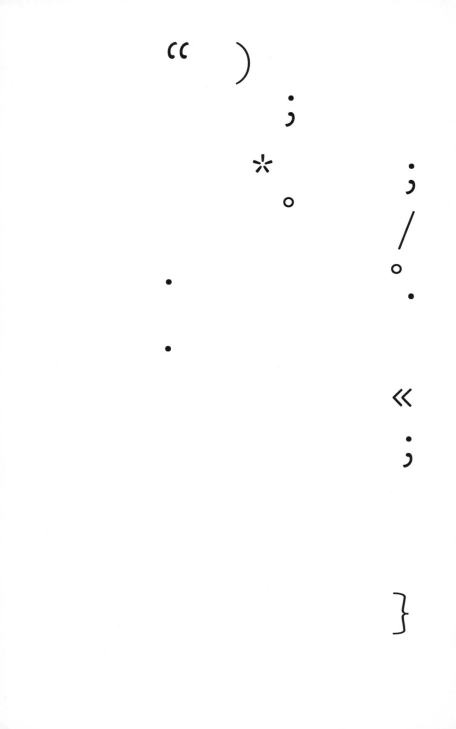

아름.
다움,

아름다움을 발견할 때

윤여경 지음

{　　*
　　　。

《
*

《 ,

《

;

들어가며,
사람과 말 그리고 아름다움

[사람]

사람은 살아가면서 아름다움을 느낍니다. 아름다움을
느끼는 주체는 사람이기에 아름다움에 관해 이야기하기에
앞서 사람의 바탕이 무엇인지 알아야 합니다.

사람은 크게 몸과 마음, 그리고 머리로 구분됩니다.
우리말에 '몸' '마음' '머리'라는 말이 있다는 것은 우리가
그 역할과 의미를 구분한다는 의미입니다.

먼저 몸을 살펴볼까요? 우리말 '몸'은 '모음'에서
비롯된 말로 '필요한 것들이 모여 있다'는 뜻입니다.
사람의 몸은 크게 안과 밖으로 구분되어 있습니다. 몸 밖의
공기와 음식 등을 몸 내부로 통과시키면서 몸에 필요한
것들을 몸 안으로 흡수합니다. 몸 안의 각종 장기는 밖에서
흡수된 음식과 공기를 동력으로 삼아 몸속에서 일합니다.
심장은 피를 순환하게 하고, 위장은 음식을 소화하고, 간은

면역을 통제합니다. 이런 과정을 통틀어 '대사 과정'이라고 합니다. 대사 과정은 몸 안의 장기와 뼈, 신경 등 다양한 기관이 모여 서로 어울리는 상태입니다. 몸 안의 모든 것이 서로 어울려 있기에 장기 중 단 하나만 고장 나도 사람은 살 수 없습니다. 가령 췌장은 아주 작은 기관이지만, 인슐린을 분비합니다. 우리 몸에 인슐린이 부족하면 당뇨병에 걸리고 각종 합병증이 생겨 죽음에 이르죠. 이렇듯 몸은 몸 안의 어울림을 통해 그 나름의 항상성을 유지합니다.

　　대사 과정이 몸의 바탕이라면 '감각 과정'은 대사 과정의 항상성을 유지하기 위한 정보 매체이자 수단입니다. 사람의 몸은 어떤 환경에서 살아갑니다. 그래서 몸은 자신이 처한 환경에 대한 정보를 필요로 합니다. 그리고 그 정보를 모으는 것이 바로 감각 기관입니다. 피부와 장기에 있는 신경계는 몸 안과 밖에서 정보를 모읍니다. 몸은 감각 기관이 모은 정보에 반응합니다. 위험한 정보가 감지되면 특정 호르몬이 분비되어 긴장 상태를 유지합니다. 혹시 모를 상황에 대비하는 것이죠.

　　감각 기관이 모은 정보들은 중추신경계인 뇌에서 종합됩니다. 이 종합된 정보를 하나의 정보로 묶어 판단하는

과정이 바로 지각입니다. 우리는 이 지각과정을
'마음'이라고 말합니다. 우리말 마음의 옛말은 ᄆᆞᅀᆞᆷ, ᄆᆞ숨으로
'마'는 '몸 밖에 있는 것들이 안으로 들어오는 느낌'이고
'숨'은 '분류한다'는 뜻입니다. 즉 마음은 밖에서 모은 정보를
안에서 해석해 재분류하는 과정을 말합니다. 이 과정에서
감정이 생겨 기쁨, 슬픔, 화남 등 특정 정보와 특정 감정을
연결합니다. 어떤 정보는 한마디 말로 표현하기 어려워
모호하고 복합적인 감정과 연결되기도 하죠.

대사와 감각이 몸의 단계라면, 지각과 생각은 마음의
단계입니다. 사람은 대사하는 몸, 감각하는 몸을 바탕으로
지각하고, 생각하는 마음과 더불어 세상을 살아갑니다.
몸에서 대사와 감각을 담당하는 각 기관은 서로 역할이
다르고 관점도 다릅니다. 다양한 역할과 관점이 서로
어울리고 있을 뿐이죠. 마음은 대사와 감각 등 몸 전체의
어울림을 하나로 인식합니다. 어울리는 상태라면 마음이
편하고, 어울리지 않는 상태라면 마음이 불편해지죠.
마음이 불편한 경우에는 새로운 마음이 따로 분화되어
기존 마음과 몸을 점검합니다. 이 과정이 바로 생각입니다.
생각하는 마음이 어울림을 위해 어떤 결정을 내리면 몸은
그 결정을 따르게 되죠.

우리말에는 특이하게 '머리'가 있습니다. 우리말 '머리'의 옛말은 '멀리'입니다. 머리는 몸과 마음에 걸쳐 있습니다. 머리에 있는 눈, 귀, 코 등의 감각 기관들은 멀리 있는 것들의 정보를 모읍니다. 또한 머리에는 중추신경계가 모이는 뇌가 있어 몸과 마음을 통제합니다. 그래서 머리는 나의 몸과 마음을 메타적으로 살필 수 있죠. 마치 내 안에 또 다른 내가 있는 것처럼요. 머리는 몸에서 모은 정보와 마음에서 분류한 감정을 바탕으로 멀리 내다봅니다. 우리에게 '생각'이란 바로 머리의 활동입니다.

[말]

사람은 생각을 소리에 담아 소통합니다. 이 소리가 바로 '말'입니다. 최초의 말은 느낌에서 비롯합니다. 느낌에 대응하는 소리가 반복되어 어떤 의미가 생기면, 그 소리는 말이 됩니다. 다양한 말소리가 서로 어울리면서 말의 의미는 점점 보편화하고 때론 경험을 넘어서는 추상적 개념까지 나아갑니다. 새로 태어난 아이들은 사물과 소리를 함께 경험하면서 단순한 낱말을 배웁니다. 익숙한 낱말들이 많아지고 낱말 연결 체계에 대한 인식이 생기면 조금씩 자신의 느낌을 말로서 표현할 수 있게 됩니다.

점차 개념적인 말도 이해하게 되고 복잡한 생각을 할 수 있습니다. 때론 새로운 말도 만들어내죠.

사람들은 말을 통해 생각하고 소통합니다. 어떤 사람이 "코끼리"라고 말하면 그 사람이 무엇을 생각하는지 짐작할 수 있죠. "배고파"라고 말하면 그 사람의 몸 상태를 알 수 있고, "짜장면 먹고 싶어."라고 말하면 그 사람의 마음을 알 수 있습니다. 이처럼 우리는 말을 통해 사람의 몸과 마음이 어떤 상태인지 알 수 있습니다. 또한 "나는 짜장면 먹고 싶어." "그는 짜장면이 먹고 싶어." "너는 짜장면이 먹고 싶어."처럼 몸과 마음의 주체가 누구인지 선택할 수도 있습니다. 그래서 사람의 말을 안다는 것은 사람의 생각을 아는 것이기도 합니다.

사람이 느끼고 알고 바라고 이루는 모든 것이 말로 귀결되기에 사람의 생각은 전적으로 말에 의지합니다. 그래서 사람에 대해 알려면 반드시 말을 알아야 합니다. 말에서 가장 중심이 되는 성분은 동사입니다. 동사 앞뒤로 여러 말이 붙으면서 말의 맥락이 형성되죠. '먹자'라는 말에 '밥'이 함께 있으면 "밥 먹자."가 되어 무엇을 어떻게 하려는지 알 수 있습니다. 여기까지가 감각지각 단계입니다. "밥 먹자."에 '너'나 '우리'가 붙으면 "너 밥 먹자." 혹은

"우리 밥 먹자."가 되어 누가 무엇을 어떻게 하려는지 알 수 있습니다. 앞서 사람은 생각을 통해 몸과 마음을 구분하고 통제할 수 있게 되었다고 말했습니다. 마찬가지로 사람은 주어를 선택함으로써 '대상=무엇을'과 '행동= 어떻게'를 통제할 수 있습니다. 이런 점에서 사람의 말에 주어가 있다는 것은 아주 흥미로운 현상입니다. 사람이 생각할 수 있는 존재라는 사실의 방증이랄까요.

생각의 가장 중요한 활동은 선택입니다. 사람은 행위의 주체를 선택할 수 있기에 자기 자신을 포함해 다른 존재들을 통제할 수 있습니다. 말에서 '주체'의 선택은 '주어'의 선택과 유사합니다. 영어는 주어=주체가 대부분 동일합니다. '주어＋동사＋목적어'로 발휘되기에 주체의 행동이 강조되죠. 가령 영어 문장 "I go to school."에서 동사 go는 주어 I의 행동과 밀접하게 관련되어 있습니다. 반면에 우리말은 영어와 달리 동사가 맨 뒤에 옵니다. 그래서 행동의 주체가 되는 주어를 특정할 수 없게 됩니다. "나는 학교에 간다."의 경우 '간다'는 '나'와 '학교'를 동시에 고려합니다. 우리말의 이런 구조 때문에 '간다'라는 말 앞에 다양한 말이 오면 '간다'의 동사적 의미가 더욱 복잡해집니다.

들어가며 ———————————— 11

"나는 친구와 함께 버스를 타고 학교에 간다."라는 말에는 '나＋친구＋버스＋학교'라는 다양한 주체가 등장합니다. 이 주체들이 서로 어울려 '간다'라는 행위를 하는 셈이죠. 영어에서는 "I go to school by bus with my friend."처럼 언제나 가장 특별한 주체인 주어 I가 강조됩니다. 그래서 영어는 다양한 주체 중에서 특별히 가장 앞선 주체의 인식과 행동을 중요시합니다. 우리말은 다양한 주체가 공존하면서 이쪽저쪽 다양한 쪽으로 구성되기에 어떤 하나의 주체만을 강조하기보다 모든 주체의 어울림을 중요시합니다.

영어와 우리말 구조를 살펴봤듯이 사람은 말에 따라 생각과 태도가 달라집니다. 이 책의 주제인 아름다움도 마찬가지입니다. 사람이 어떤 말을 하느냐에 따라 또 '아름다움'이라는 말이 어떤 맥락에 놓이느냐에 따라 아름다움의 생각과 태도가 달라지죠. "이 꽃은 아름다워." 라고 말하면 이 꽃의 모든 것이 아름답습니다. 그런데 "이 꽃은 색깔이 아름다워."라고 말하면 꽃의 색깔만이 아름다울 수 있습니다. 이처럼 '아름다움'에 대한 이해와 소통은 결국 말의 문제입니다.

['아름다움'이라는 말]

우리는 앞으로 '아름다움'이라는 말에 대해 살펴볼
것입니다. 말은 크게 바탕뜻, 짜임뜻, 쓰임뜻, 세 가지로
구분할 수 있습니다. 바탕뜻은 말소리가 경험적 느낌과
연결되어 생성한 의미를, 짜임뜻은 말소리가 서로 조합해서
만들어낸 의미를, 쓰임뜻은 말소리가 어떤 특정한 맥락에서
생성한 의미를 말합니다.

　'디자인(design)'이라는 말을 예로 들어보죠. 이 말은
'de'라는 말과 'sign'이라는 말이 결합한 형태로 되어
있습니다. 예를 들어 determination, defensive에서 보듯이
영어 'de'라는 말의 바탕에는 '저항하다' '부여하다'라는
바탕뜻이 있음을 짐작할 수 있습니다. 'sign'이라는 말의
어원을 살피면 기호, 부호, 신호 등 무언가를 지시한다는
바탕뜻이 있습니다. design은 de와 sign이 조합 'de＋sign'
이라는 짜임을 형성한 말입니다. 그래서 design의 짜임뜻은
'표시(sign)를 새롭게 만든다(de).'라고 볼 수 있습니다.

　design은 여러 맥락에서 쓰입니다. 어떤 시대에
어떤 맥락에 쓰이냐에 따라 의미가 조금씩 달라지죠.
중세 이탈리아에서 design은 머리로 하는 작업, 즉 '계획'을
의미했습니다. 산업혁명 이후 design은 '대량생산을 위한

들어가며 ──────────── 13

계획'을 의미하게 되었고, 최근에는 '경쟁력'이나 '취향'을 의미하기도 합니다. 이렇듯 'design'이라는 말의 맥락이 달라지면서 쓰임뜻도 달라졌습니다. 그렇다고 해서 쓰임뜻이 제멋대로 달라지지는 않습니다. 아무래도 바탕뜻과 짜임뜻의 한계가 있으니까요.

우리에게 아름다움은 가장 중요한 삶의 가치지향입니다. 아름다움이 없는 세상에서 살 수 있을까요? 아름다움이 우리 삶에서 차지하는 비중은 생각보다 아주 큽니다. 그래서 우리는 '아름다움'이라는 말의 바탕과 짜임이 무엇이고, 그 말이 어떻게 쓰이는지 알아둘 필요가 있습니다. 우리말 '아름다움'에는 '아름'과 '다움'이 조합된 짜임이 있습니다. 그렇게 '아름'과 '다움'의 바탕뜻을 알고, '아름+다움'의 짜임뜻을 알아야 '아름다움'의 쓰임뜻을 제대로 이해할 수 있습니다.

이 책은 이런 흐름으로 구성했습니다. 앞으로 우리는 '아름다움'이라는 말을 둘러싼 다양한 개념과 관점을 검토할 생각입니다. 첫 장에서는 아름다움의 바탕뜻과 짜임뜻을 살펴봅니다. 우리말 아름다움, 서양 말 beauty, 중국말에서 아름다움을 의미하는 진선미(眞善美)의 바탕뜻을 통해 개념적으로 무엇이 같고 다른지 살펴봅니다.

두 번째 장에서는 아름다움이 대상과 맥락에 따라 어떤 뜻으로 사용되는지 쓰임뜻을 살펴봅니다. 마지막 장에서는 아름다움이 우리 삶에서 어떤 역할을 하는지, 나아가 '아름다움'이라는 말이 앞으로 어떤 의미를 만들어갈 수 있는지 생각해볼 것입니다.

요즘 사람들은 아름다움과 관련해서 눈치를 많이 봅니다. 자신이 아름답다고 생각하는 것을 자신 있게 말하기를 주저합니다. 그래서 아름다움을 발견할 순간을 자주 놓치곤 합니다. 이 책은 누구나, 무엇에서나, 언제, 어디서나 아름다움을 발견하기를 바라는 마음에서 쓰였습니다. 그래서 되도록 쉽게 아름다움의 개념과 관점을 설명하고자 했습니다. 많은 분이 자신의 삶에서 좀 더 자주 아름다움을 발견했으면 하고 바랍니다. 끝으로 이 책이 세상에 나올 수 있도록 가르쳐주신 최봉영, 이성민 선생님, 격려하고 이끌어주신 이나무 선생님과 이숲 출판, 그리고 함께하는 나의 벗들에게 고마운 마음을 전합니다.

아름다움의 개념들

「　°

）

」 *

·

）

°

아름다움은
어디에 있을까

사람들은 대부분 미술작품에서 아름다움을 찾습니다.
미술작품에는 그 시대를 대표하는 최고의 아름다움이 담겨
있으니까요. 하지만 아름다움은 미술작품에만 있지 않고,
내 안에도 있습니다. 내 안에 아름다움이 있기에
미술작품에서도 아름다움을 발견할 수 있죠. 아름다움이
내 안에도 있음을 깨닫고 나면 굳이 미술작품에서만
아름다움을 찾을 필요가 없습니다. 늘 내 곁에 있던 사람과
사물, 무심코 지나쳤던 거리와 풍경 등 보통의 일상에서도
아름다움을 찾을 수 있으니까요. 반대로 내 안에 아름다움이
없다고 생각하면 아름다움을 찾을 가능성은 낮아집니다.
어쩌면 멋진 미술작품에서도 아름다움을 발견하지 못할 수
있습니다.

아름다움은 현상적으로는 예술 분야와 가깝지만,
개념적으로는 인문학에 가깝습니다. 그래서 저는

'아름다움'이라는 말을 인문학으로 들어가는 문에 빗대곤
합니다. 인문학으로 들어가는 문 중에서 가장 매력적인
문이 바로 '아름다움의 문'이죠. 아름다운 문은 호기심을
자극합니다. 하지만 호기심은 문이고, 시선을 끄는 역할을
할 뿐입니다. 문을 열려면 아름다움을 발견하려는 사람의
의지가 있어야 합니다. 그래야 문을 열고 안으로 들어갈
테니까요. 아름다움의 문을 열면 의외의 광경이 펼쳐집니다.
끝없이 이어지는 이미지와 텍스트가 보이고, 소리도
들립니다. 모든 것이 정리되지 않은 채 마구 엉킨 숲속 같은
풍경입니다. 다양한 지혜와 지식의 향연, 혼란스럽고
어지럽지만 어떤 우연과 모험이 기대되는, 때로는 몰라도
좋고 이해할 수 없어도 편안하게 즐기고 쉴 수 있는,
그런 인문학의 숲입니다. '열공'이 아니라 '즐공'의 인문학,
보고 듣고 읽고 생각하는 즐거운 인문학의 장입니다.

    혹시 아름다움을 이해하려는 시도를 해보신 적이
있나요? 보고 느끼는 아름다움이 아닌 읽고 해석하는
아름다움, 감각의 아름다움만이 아닌 앎의 아름다움을
경험해보신 적이 있나요? 만약 없다면 이 책이 길잡이가
되었으면 좋겠습니다. 만약 있다면 저와 대화하는 기회로
삼았으면 좋겠고요. '보기'를 통한 자극만이 아니라

아름다움의 개념들 ——————— 19

'읽기'를 통한 생각과 소통, 중간중간 눈을 감고 음미하는, 그런 조용한 아름다움도 있으니까요.

그렇다고 아름다움을 만만하게 봐선 안 됩니다. 자연의 모든 생명이 그러하듯 아름다움을 담지한 사물에는 저마다 자신만의 우주가 있으니까요. 아름다움을 논리적으로 이해하려는 순간, 그 시도는 언제나 좌절됩니다. 모험이 가득한 숲보다는 차라리 모든 것이 잘 정리된 도서관을 아쉬워하게 되죠. 아름다움은 공통의 이해만이 아닌 개인적인 감정까지도 아우르기 때문입니다. 아름다움의 감정은 즐거움과 기쁨만이 있는 것은 아닙니다. 아픔과 슬픔 등 고통스러운 감정까지 아울러 삶에 대한 깊은 성찰을 유도합니다. 아름다움에 대한 성찰은 수많은 작품과 이야기를 만들어냅니다. 신화와 설화, 미담과 덕담은 감동을 일으키고, 앎의 욕망과 더불어 삶의 의지를 불러옵니다. 그래서 아름다운 이야기와 사물은 소중하게 기록되고 보관되어 전승되죠.

아름다움은 우리 삶 곳곳에 배어 있습니다. 발견하는 사람이 임자죠. 고개를 들고 주위를 한번 둘러보세요. 어떤가요, 아름다운가요? 만약 아름답다면 당신의 마음속에 아름다움이 있는 것이고, 아름답지 않다면 아름다움이

없는 것입니다. 아름다움을 느끼려면 먼저 마음의 여유가
있어야 합니다. 고된 일상을 버티기도 힘겨운 사람에게
커피 한잔 주문해놓고 턱 괴고 앉아 아름다움에 관해
이야기해보자고 한다면 누가 좋아하겠습니까? 그런 데 마음
쓸 여유가 없다며 항변할 것입니다. 하지만 이런 분에게도
아름다움은 늘 함께합니다. 아름다움에 대한 인식은 언제나
나의 의지와 상관없이 작동하니까요.

　　우리는 모두 몸단장을 합니다. 남의 시선을 의식해서든,
자기 기분 때문이든 우리는 습관적으로 거의 매일
아름다움을 추구합니다. 가끔 길을 가다 누군가가 친절을
베푸는 모습을 보면 얼굴에 절로 미소가 피어나기도 하죠.
어쩌다 스친 예쁜 카페에서 맛있는 디저트를 먹으면 기분이
좋아집니다. 선물로 받은 택배 상자를 열면서 누구나
가슴이 설렙니다. 우연이든 필연이든 이 모두가 아름다움이
주는 선물이죠. 한없이 좌절하다가도 아름다운 무언가를
발견하면 가슴이 벅차오르고 마음이 뿌듯해집니다. 그 순간,
주변을 둘러보면 다른 것들도 아름다워 보입니다. 이렇듯
아름다움은 가끔 느닷없이 찾아옵니다. 아름다움은 늘
우리와 함께하고 있으니까요. 만약 당신이 어떤 상황에서도
아름다움을 느끼지 못한다면, 그건 당신이 늘 함께하고

있는 아름다움을 발견하거나 인식하지 못했기 때문입니다.

　　아름다움의 반대는 무엇일까요? 흔히 '추함'이라고
말합니다. 물론 맞는 말입니다만, 꼭 그렇지는 않습니다.
더러움, 못됨, 맛없음, 싫음, 암울 등도 아름다움의 반대말이
될 수 있습니다. 이런 사례는 어떨까요? 가장 아름다운
사람을 꼽으라면 가장 사랑하는 사람을 떠올립니다. 대부분
부모님, 배우자 혹은 자녀겠죠. 어떤 사람은 자기 자신을
생각할 수도 있고요. 가장 사랑하는 이가 사고로 큰 화상을
입었다고 상상해보죠. 화상 때문에 피부가 곪고 냄새도
지독합니다. 고통을 호소하며 못되게 굴 수도 있습니다.
그럴 때 여러분에게 그 사람이 더는 아름답지 않게
느껴질까요? 그럴 리 없겠죠. 안타까운 마음에 오히려
더 사랑하게 될 수도 있습니다. 그렇습니다. 싫음도 슬픔도
아름다움이 될 수 있습니다. 이런 마음을 두고 공자는
'인(仁)'이라 말했고, 맹자는 인(仁)을 '측은지심(惻隱之心)'
이라 풀었습니다. 측은해하는 마음을 아름답다고 본 것이죠.
이를 기독교에서는 '사랑(love)'이라 말하고, 불교에서는
'보시(布施＝자비)'라 말합니다. 많은 종교에서 타자의
고통과 슬픔을 공감하고 나누는 마음, 이를 최고의
아름다움이라 말합니다.

추상적인
아름다움

인간의 언어는 추상적입니다. 추상적인 말은 그 자체로는 어떤 의미가 없다는 뜻입니다. 추상적인 말은 반드시 구체적인 경험을 가리키는 말과 어울려야 이해할 수 있습니다. '노속'이라는 말이 있다고 해보죠. 노속은 무슨 뜻일까요? 사실 노속은 아무런 의미가 없는 말입니다. 이 말을 가져와 "노속은 달콤하고 맛있어."라고 말하면 사람들은 노속을 '먹는 것'으로 생각하게 되죠. 혹은 "노속은 비행기보다 빨라."라고 말하면 사람들은 노속을 '움직이는 기계'로 여길 것입니다. 이처럼 의미가 모호한 추상적인 말은 함께 어울리는 말에 따라 그 의미가 달라집니다.

언어는 경험과 밀접한 관련이 있습니다. 바나나를 생각해보세요. 바나나 이미지가 연상되나요? 어떤 말은 듣는 즉시 특정 이미지가 연상됩니다. 말과 이미지가 경험적으로 연결되어 있기 때문이죠. '바나나'라는 말을 들으면 바나나의 형태만이 아니라 맛과 향, 촉감 등 다양한 경험이 떠오릅니다. 바나나를 먹었던 경험이 '바나나'라는 말의 의미를 해석해주는 셈이죠. 이번에는 과일을 상상해보세요. 어떤 이미지가 떠오르나요? 사과? 수박? 딸기? 사람마다 각기 다른 이미지를 연상할 것입니다. 다양한 과일이 모인 집합적 이미지가 연상될 수도 있죠. '과일'이라는 말에 어떤 이미지를 연상한다는 것은 '과일'이라는 말에도 경험이 연결되어 있다는 의미입니다.

'바나나'와 '과일'에 다른 점이 있다면 바나나는 사람들이 공통으로 떠올리는 특정 이미지가 있지만, 과일은 그렇지 않다는 것이죠. 그래서 과일은 바나나처럼 다양한 감각이 함께 연상되지 않습니다. 당연히 '과일'이라는 말은 '바나나'라는 말보다 말뜻을 해석하고 이해하기가 더 어렵겠죠. 이렇게 말뜻이 모호해지고 자의적 해석이 높아지는 경우를 '추상화'라고 말합니다. 말의 추상성은 상대적인 개념입니다. 과일은 바나나에 비해 더 추상적이고, 생명은 과일에 비해 더 추상적인 개념이죠. 보통 말은 실체적 경험에 근거하는데 추상적인 말은 실체적 경험이 없는 경우도 있습니다. '신'이라는 말은 추상적입니다. '과일'은 나름대로 특정 범주의 이미지라도 있지만 '신'이라는 단어는 그마저도 모호합니다. 신을 직접 본 경험이 없으니까요. 나아가 노속처럼 처음 듣는 말은 아무 생각도 나지 않습니다. '신'보다 '노속'이 더 추상적인 말이 되겠죠.

그럼, 아름다움은 어떨까요? 추상이라면 어느 정도일까요? 과일보다는 추상적이고 신보다는 덜 추상적일까요? 아름다움은 뭔가 연상될 듯하면서 연상되는 것이 없는 독특한 말입니다. 과일과 신 사이의 중간 어디에 있는 말인 듯싶습니다. 앞으로 우리는 과일과 신 사이의 아름다움에 관해 이야기할 것입니다. 어디서부터 시작해서 어떻게 마무리해야 할지 잘 모르겠습니다. 마음 같아서는 그냥 "10분 동안 눈을 감고 각자 아름다움에 대해 생각해보세요."라고 말하고는 넘어가고 싶습니다. 어쩌면 각자가 아름다움에 대해 고민할 기회와 시간을 드리고, 각자의 구체적 경험에 관해 이야기하는 것이 아름다움에 접근하는 가장 적절한 방법일 수도 있으니까요.

지금 제게 용기를 주는 두 줄의 문구가 생각납니다. 아리스토텔레스(Ἀριστοτέλης, BC 384–322)의 『니코마코스 윤리학(Ἠθικὰ Νικομάχεια)』에 이런 표현이 나옵니다. "주어진 주제에 따라, 또 각각의 탐구에 적합한 바로 그만큼만 추구해야 할 것이다."(1권 18절) 이 표현은 지금 우리에게 가장 적절한 메시지가 아닐까 합니다. 우리는 아름다움에 대해 깊고 전문적인 식견을 갖추기보다 생각의 출발점으로 삼을 만큼만 알면 되니까요.

　　또 소설가 최인훈(1934-2018)의 수필집 『길에 관한 명상』에는 이런 대목도 나옵니다. "우리 학급에 상당히 총명한 학생이 있어서 '정말 문학을 가르칠 수 있다고 생각해서 가르치느냐'고 물은 적이 있어서 대답이 상당히 궁색했는데, 그 당장에는 그렇게 썩 명쾌한 대답을 못 해줬습니다. 그런데 지금 이 자리에서 그동안 그 문제를 두고 생각해 본 바를 얘기한다면, 그 학생의 질문도 옳고 또 가르치겠다고 생각하는 사람도 옳다고 생각해요. 예술교육이라는 것은 어차피 가르칠 수 있는 데까지 가르치는 것이지, 일정 기간의 교육을 마친 다음 도장을 찍어서 예술가를 타율적으로 보증한다는 것은 아니지 않은가, 그래서 예술교육을 그렇게 이해한다면 못 가르칠 것도 없지 않겠는가, 그런 생각입니다." 저는 이 대답에 크게 공감했습니다. 예술교육과 마찬가지로 아름다움도 '도장을 찍어서 보증'하는 것도 아니고, 어차피 모든 아름다움을 말할 수 없으니 '주어진 주제에 따라, 각각의 탐구에 적합한 바로 그만큼'만 해보자고 생각했습니다.

아름다움의
어원과 개념

아름다움은 순수한 우리말입니다. 이 말에 해당하는 영어는
beauty, 한자로는 美입니다. 美는 양(羊) 자와 대(大) 자의
합성어입니다. 어떤 이는 '뿔이 큰 양'을 의미한다고 말하고,
또 어떤 이는 대(大) 자가 사람의 앞모습이라는 점에서
'양머리 장식을 쓴 사람'이라고 말합니다. 최근에는 대(大)가
아니라 화(火)라는 의견도 있습니다. 제물로 바쳐진 것인지,
요리하는 것인지는 모르겠지만, 양을 익히는 모습이죠.
여하튼 모두 양이 있습니다. 때로는 아름다움을 '선(善)한
것'이라고 말하는데, 이 글자에도 양이 들어 있는 것을
보면 중국문화권에서 양을 아름답다고 생각했나 봅니다.
양은 성질이 순해서 사람을 해치지 않았습니다. 꼭 필요한
생활필수품도 제공합니다. 살아서는 털과 젖을, 죽어서는
고기와 가죽을 주니까요. 버릴 것이 하나도 없었죠. 이러니
큰 양을 보면 기분이 좋았을 법도 합니다.

개인적으로 중국에서 양이 아름다움을 대표하게 된 것은 신화 때문이 아닐까 싶습니다. 로마의 신화에는 늑대가 주인공입니다. 늑대가 등장하는 신화는 로마만이 아니라 유라시아 초원제국에도 많았다고 합니다. 신화나 우화를 보면 늑대와 함께 양이 많이 등장한다는 점에서 옛날 사람들의 경험에 늑대의 아름다움과 양의 아름다움이 공존했던 듯 싶습니다. 아무래도 동물의 성향상 늑대의 아름다움은 전쟁을 뜻하고, 양의 아름다움은 평화를 뜻하지 않을까 싶습니다. 이런 점에서 중국 한자를 만들고 쓴 사람들은 두 아름다움 중 '양의 아름다움'을 선택하지 않았을까요?

美는 beauty의 번역어입니다. 왜 일본 사람들은 beauty를 美로 번역했을까요. 일본의 번역연구자 야나부 아키라(柳父章, 1928)는 『번역어의 성립(翻譯語成立事情)』에서 beauty가 美로 번역되는 과정을 추적합니다. 그는 "프랑스학의 선구자였던 무라카미 히데토시(村上英俊, 1811-1890)가 1857년에 펴낸 『삼어편람(三語便覽)』에 beaute, beauty, schoonheid가 모두 美로 번역되어 있다. 이것은 아마도 한자어 한 글자로 된 번역어를 쓴 최초의 예"라며 19세기 중반부터 美가 beauty의 번역어로

─────────────── 아름. 다움,

등장했다고 말합니다. 당시에는 beauty의 번역어에 美만 있었던 것은 아닙니다. 화(花)나 유현(幽玄) 같은 단어도 함께 사용되었습니다. 상황에 따라 달리 번역되었죠. 그러다가 점차 다른 단어들이 사라지고 beauty＝美로 통일됩니다. 이렇게 번역어가 확정되자 사람들에게 '美'라는 새로운 관념이 생기기 시작했습니다.

이런 흐름이 문학이나 언론, 평론 등에 반영되었고, 언제인가부터 마치 본래 그런 단어가 있었던 것처럼 여겨졌다고 합니다. 신조어가 새로운 생각을 낳은 것이죠. 이를 아키라는 '카세트 효과'라고 말합니다. 여기서 카세트는 보석 상자를 의미합니다. 본래 번역어는 의미 없는, 즉 보석 없는 빈 보석 상자였는데, 여기저기 사용되면서 새로운 관념이 생겼다는 것이죠. 앞서 '노속'이라는 추상적인 말처럼, 의미가 없던 말이 여기저기 쓰이면서 점차 보석 같은 의미들이 생기고 급기야 진짜 보석이 담긴 보석 상자 (＝새로운 관념)가 된 것이죠. 이렇듯 '美'라는 단어는 본래 beauty의 의미로 사용된 것이 아닌데 beauty＝美가 되면서 현재와 같은 새로운 관념으로 거듭난 셈입니다. 부정적으로 말하면 '없던 것'이 '있던 것'처럼 여겨지는 거짓 환상이고, 긍정적으로 말하면 새로운 관념이 창조된 것이죠.

아름다움의 개념들 ———— 29

이쯤 되면 왜 서양 사람들이 아름다움을 'beauty'라고
했는지 궁금해집니다. 인터넷을 찾아보면 beauty의 라틴어
어원이 bene라고 나옵니다. 한동안 잘나갔던 토착 커피숍
브랜드 카페-베네의 그 '베네'입니다. '똑바르다' '좋다'라는
뜻이죠. 사실 이 주장은 석연치 않습니다. 서양 철학에서
아름다움은 고대 그리스에서 기원을 찾습니다. 고대
그리스에서는 아름다움을 '칼로카가티아(καλὸς κἀγαθός)'
라고 했습니다. 이 말은 고귀함을 뜻하는 칼로스(καλός)와
덕성이나 좋음 의미하는 아가토스(ἀγαθός)의 합성어입니다.
즉 감각적인 아름다움이 아닌 훌륭한 성품을 의미합니다.
플라톤(Πλάτων, BC 428 - 348)의 저서『향연
(Συμπόσιον)』에 보면 소크라테스(Σωκράτης, BC 470 -
399)는 못생겼지만 가장 아름다운 사람이라며 질투를
받습니다. 그것도 가장 잘생겼다고 여겨지던 알키비아데스
한테요. 소크라테스가 외모를 뛰어넘는 고귀함과 덕성을
갖췄기 때문이었겠죠.

톨스토이(Лев Толстой, 1828 - 1910)는『예술이란
무엇인가(Что такое искусство)』에서 진·선·미의 구분
자체가 근대적 발명의 소산이라고 말합니다. 톨스토이는
"논리적인 인식의 대상은 진리요, 심미적인 인식의 대상은

미다. 미는 감성에 의해 인식되는 완전한 것이고, 진리는
이성에 의해 지각되는 완전한 것이다. 그리고 선은 도덕적
의지에 의해 달성되는 완전한 것이다."라는 바움가르텐
(Alexander Baumgarten, 1714–1762)의 말을 인용하며
이때부터 진·선·미의 구분이 시작되었다고 말합니다.
바움가르텐은 18세기 중반 '미학(美學, Aesthetics)'이라는
학문을 정초했다고 평가받는 인물입니다. 이때 beauty＝美의
관념도 시작된 것이죠. 톨스토이는 여기에 반발하며
본래 고대 그리스에서 아름다움의 기준으로는 미(美)보다
선(善)이 중요했다고 주장합니다. 그리고 즐거움에
주목하는 감각적 의미로서 아름다움에 대한 언급이 거의
없다고 말합니다. 그러니까 고대 그리스의 아름다움은 단지
'선＝덕성'이었던 것이죠. 물론 이 주장 또한 확실하지
않습니다. 고대 그리스에는 고귀함과 감각적 즐거움을 모두
아우르는 '칼론(kalon)'이라는 말이 있었다고 하니까요.
어쨌거나 아름다움에 관해 톨스토이가 미(美)보다
선(善)을 선호했다는 점은 확실한 듯합니다.
　　미학자 오병남은 『미학강의』에서 "우리가 어떤 사물을
보고 아름답다고 할 때 사용하는 영어의 '뷰티플(beautiful)'
이라는 형용사는 고대 그리스인들에게 있어서 칼로스

아름다움의 개념들 ——————— 31

(kalos)에 해당한다.”라고 말합니다. 칼로스는 두 가지 명사로 사용되었습니다. “추상적 목적을 위해서는 칼로스(kallos)가, 구체적으로 아름다운 사물을 언급할 때는 형용사를 명사화한 ‘토 칼론(to kalon)’이라는 말이 사용”되었다고 합니다. 이 토 칼론이 중세에 라틴어인 풀크롬(pulchrum)으로 번역되어 오랫동안 쓰이다가 르네상스 시기에 점차 사라지고 ‘벨룸(bellum)’이라는 말로 대체되었다고 합니다. “벨룸은 주로 ‘멋진 여인’이나 ‘예쁜 아이’에 국한되어 적용”되는 말이었는데 “차츰 모든 종류의 아름다운 사물에 적용되면서 ‘풀크롬’이라는 말을 대체”하게 된 것이죠. 벨룸이 영국에서는 뷰티풀(beautiful), 스페인에서는 벨로(bello), 프랑스에서는 보(beau, 남성형) 혹은 벨(belle, 여성형)로 발음되면서 현재 우리가 흔히 쓰는 영어 ‘beauty’라는 말과 개념이 만들어졌습니다.

이제 beauty에 대한 의문이 다소 풀린 것 같군요. 아름다움의 의미가 변해온 과정을 보니 톨스토이가 지적했듯이 근대의 아름다움 인식은 고대 그리스 및 중세와 사뭇 다릅니다. ‘벨룸(bellum)＝beauty’은 르네상스 시기 새롭게 대두한 개념이니까요. 이 시기는 미술에서도 입체감을 살리는 선형 투시도법이라든가 유화에서 명암대비

기법이 새롭게 등장했습니다. 아름다움의 시각적 효과가 중요해졌죠. 다시 말해 아름다움을 판단하는 기준이 덕성이나 지혜와 같은 정신적 가치에서 예쁨이나 즐거움 같은 감각적 가치로 이동했음을 알 수 있습니다. 아름다움의 가치가 르네상스를 거치면서 생각의 모범에서 감각의 모범으로 전환되었다고 볼 수도 있을 것 같습니다. 동시에 아름다움에 대한 인식과 태도도 객관적 경험에서 주관적 경험으로 옮겨간 것은 아닌가 싶습니다.

서양의 중세 기독교에서는 모든 것이 하나로 연결되었다고 봤습니다. 자연의 모든 것은 신의 속성이 양태로 드러난 것이듯이 모든 부분은 전체에 종속되어 있다고 봤습니다. 그러나 르네상스 이후 부분들을 하나의 요소로 인식하게 됩니다. 개별적 요소들이 결합해서 전체가 만들어지는 것이죠. 중세 신학에서는 전체가 하나이기에 부분으로 분리할 수 없었습니다만, 데카르트를 비롯한 르네상스 과학자들은 전체를 요소로 분리했습니다. 사람을 몸과 마음으로 분리했듯이 말입니다. 이를 '기계론적 사고관' 이라고 하죠.

과학이 발달하면서 이런 관점의 설득력이 커졌고, 점차 전체와 부분의 관계가 전복됩니다. 전체보다 쪼개진

이성(李成, 919–967)의
'청만소사도(晴巒蕭寺圖)',
10세기경

요소들이 더 주목받기 시작했죠. 이런 과정을 통해 근대 서양 사람들이 요소로 분리된 개별적인 것들에서 아름다움을 발견한 것이 아닐까 싶습니다. 이런 태도가 현대까지 이어져 봉준호 감독이 말했듯이 '개인적인 것이 가장 창조적'이고 아름다운 것으로 여겨진 것이죠. 이런 인식 변화 덕분에 '아름다움'은 보편적 덕성에서 개인적 취향까지 아우르는 추상적인 말이 되었습니다.

중국 문명도 고대 그리스나 중세 서양처럼 개별적인 감각보다는 큰 틀의 전체적인 구도에서 아름다움을 지각하고 생각했습니다. 중국 문명의 대표적인 사상인 유교와 도교는 세상을 하나의 전체, 즉 유기체적 관점으로 바라봅니다. 요소들이 결합해서 전체를 이루는 것이 아니라, 전체 안에 여러 속성이 있고 이 속성이 맥락에 따라 다른 양태로 드러난다고 생각했습니다. 전체에 속한 부분들도 모두 유기적으로 연결되어 분리될 수 없기에 전체와 부분은 서로 뗄 수 없는 관계에 있습니다. 전체 속의 부분들이 선형적 인과관계로 연결되어 있지 않고 네트워크로 연결되어 있기 때문입니다. 사람의 몸을 생각해보죠. 인간의 몸은 각종 장기로 이루어져 있습니다. 이 중 어떤 장기가 가장 중요하다고 말하기 어렵습니다. 모두 유기적으로

───────── 아름. 다움,

연결되어 있으니까요. 심장이든 신장이든 폐든 간이든 어느 하나가 없으면 사람은 살 수 없습니다. 그리고 부분만으로 존재할 수도 없습니다.

전체와 부분에 대한 동서양의 인식 차이는 그림을 그릴 때에도 드러납니다. 중국 문명의 그림은 배경과 전경의 구분이 모호합니다. 특히 산수화는 더욱 그런 경향을 보입니다. 모든 것이 유기적 네트워크로 연결되어 하나의 전체를 구성합니다. 반면에 서양 사람들은 배경과 전경을 뚜렷하게 구분합니다. 원근법이 발달하고 요소들이 분리되죠. 그래서 서양의 그림은 해체와 재조립이 가능합니다.

서양에서 이런 접근은 후일 추상 요소의 등장으로 이어집니다. 의미가 담긴 요소들을 조합해 그림을 그리던 서양 미술가들은 19세기 인상파 이후 의미 요소들을 단순화해서 조합하는 방식으로 그림을 그립니다. 이 방식이 마티스의 포비즘(Fauvism)과 피카소(Picasso, 1881 – 1973)의 큐비즘(Cubism)으로 이어집니다. 이후 몬드리안 (Piet Mondriaan, 1872 – 1944)이나 말레비치(Казимир Малевич, 1879 – 1935)에 의해 미술의 요소는 더욱 단순화되어 결국 추상적인 요소로까지 나아갑니다. 전체적 의미에서 완전히 분리된 독립된 개별 요소가 등장한 셈이죠. 오랜 전통으로 이어진 의미 요소의 제약에서 해방된 미술가들은 개별적인 추상 요소를 활용해 자신이 의도하는 바를 마음껏 표현합니다. 현대 미술의 형식이 다채로운 것은 바로 이 추상 요소의 등장 덕분입니다.

아름다움은 느낌과 의미로 구분할 수 있습니다. 서양 말에서 느낌은 beauty에 해당하고 의미는 sublime(숭고)로 구분됩니다. 앞서 우리는 르네상스 이후 beauty처럼 감각적으로 예쁘고 주관적인 느낌의 아름다움을 중시하게 됐다는 점에 주목했습니다. 하지만 이와 동시에 의미적 아름다움인 숭고도 중요해졌죠. 지적인 예술가들은 오히려 숭고의 경향이 강했습니다. 예쁜 대상을 완벽하게 모방한 그림보다 뭔가 의미심장하고 모호한 그림을 선호하게 된 것입니다.

사실 아름다움은 감각적인 느낌에서 비롯합니다. 느낌이 좋아야 의미에 대한 호기심이 생기죠. 느낌이 좋지 않으면 주목조차 받지 못하니 의미를 알 기회도 없습니다. 그러나 의미가 정말로 좋으면 아무리 느낌이 좋지 않아도 아름다워 보일 때가 있죠. 특히 현대 미술이 그렇습니다. 그래서 현대 미술은 느낌보다는 의미, beauty보다 sublime을 중요시합니다. 그래서 상식적으로 추하게 느껴지는 회화나 조각이 좋은 평가를 받기도 합니다.

이번엔 중국 문명의 아름다움을 살펴보죠. 중국 사람들의 판단 잣대는 크게 겉과 속의 일치를 판단하는 진위(眞僞), 사태의 옳고 그름을 판단하는 시비(是非), 취향에 따라 좋고 싫음을 판단하는 미추(美醜), 어떤 상황에서 자신의 이익과 손해를 판단하는 이해(利害) 그리고 어떤 일의 윤리성과 도덕성을 판단하는 선악(善惡)이 있습니다. 근현대 들어 이런 다양한 가치판단 중에서 진선미(眞善美)를 아름다움의 판단 기준으로 삼았습니다. 그래서 중국 문명에서 아름다움을 말할 때 진선미를 가장 많이 언급합니다.

중국 문명의 아름다움을 알려면 한자 眞善美의 의미를 알아야 합니다. 한자는 소리가 아닌 의미를 표현한 문자입니다. 어떤 꼴이나 일을 그린 일종의 그림이라고 할까요? 그래서 한자의 의미를 알려면 먼저 그림을 이해해야 합니다. 진(眞)의 맨 위 그림은 숟가락(匕)을 의미합니다. 아래 그림은 솥(鼎)입니다. 숟가락으로 솥의 밥을 떠먹는 그림이죠. 밥을 먹으려면 솥에 밥이 가득 차 있어야 합니다. 그래서 한자 진(眞)의 그림은 '내용물이 가득 차 있음'을 표현한 것입니다. 중국 문명에서는 이처럼 진(眞)을 겉과 속의 일치 관계를 판단하는 기준으로 삼았습니다. 가득 차 있으면 진(眞)이고, 비었으면 '부진(不眞)'이라고 말하거나 '거짓 위(僞)' 혹은 '거짓 가(假)'라고 말합니다.

　　이렇듯 진(眞)은 참과 거짓에 대한 판단입니다. 겉과 속의 일치 여부를 따지는 것이죠. 이때 겉은 미(美)이고 속은 선(善)입니다. 즉 미는 겉으로 보이는 느낌이고, 선은 속에 들어 있는 의미입니다. 솥으로 치면, 솥의 겉모양은 미(美)이고 솥의 내용물은 선(善)인 셈이죠. 미와 선은 진(眞)으로 판단됩니다.

　　우리는 진(眞)을 '참'으로 풀어 '참 진(眞)'이라고 합니다. 우리말에서 참은 '겉에 맞게 속이 채워진 상태'를 말합니다. 겉에서 본 것과 속이 다르면 '속았다'고 하고, 속을 알고 있는데 겉이 이상하면 '거짓이다'라고 합니다. 우리말 '거짓'은 누군가 겉에 어떤 짓을 했다는 '겉 짓'에서 비롯된 말입니다. 이렇듯 중국 사람과 한국 사람은 겉과 속의 일치 관계를 따져 '참'과 '거짓'이라는 말을 해왔습니다. 그래서 진(眞)은 단독으로 쓰이기보다는 선(善)이나 미(美)를 판단할 때 쓰는 말입니다. 겉으로 봐서 느낌이 좋다 싶으면 진미(眞美)이고, 속으로 봐서 의미가 좋다 싶으면 진선(眞善)이죠. 만약 겉으로 본 느낌과 속이 일치하지 않으면 불미(不美)이고 속으로 본 느낌과 겉이 일치하지 않으면 위선(僞善)이 됩니다. 그래서 진은 참과 거짓을 판단하는 기준이자 선과 미의 아름다움을 판단하는 잣대입니다.

이번엔 우리말 '아름다움'의 의미를 살펴보죠. 한국말 연구자 최봉영은 "우리말 '아름다움'은 '아름'과 '다움'의 조합"이라고 말합니다. 우리말 아름의 옛말은 아룹으로 그 뜻은 낱낱의 것을 의미합니다. '아름'은 '알'에서 비롯한 말입니다. 우리말 '알'은 '얼'이라는 느낌을 바탕에 둡니다. 우리말에서 인식의 흐름은 '늦(느낌)'과 '얼' '넋' '알'로 나열할 수 있습니다. 사람은 몸의 느낌으로 세상을 경험합니다. 다양한 느낌은 마음에서 '얼=이미지'로 전환되고, 이 얼 이미지가 어떤 의미로 여겨짐으로써 '넋'이 형성됩니다. 다시 이 넋이 '알'이 되고 알들이 모여 '말'이 됩니다. 알은 말의 바로 전 단계이죠. 우리는 이 알과 말을 통틀어 '알음=앎'이라고 말하죠.

우리말에서 '알'은 낱낱으로 따로하는 것을 의미합니다. 과거 『천자문(千字文)』에서 '나'를 의미하는 한자 사(私)를 '아룹 사(私)'라고 풀었습니다. 또한 우리말 '아름'은

한국사람이 바라보는 존재와 현상과 인식의 짜임새

『사람의 인식 과정』, 최봉영 (2020)

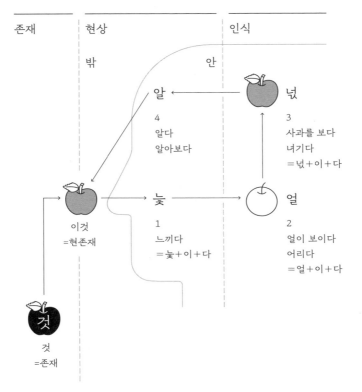

존재　　　　　현상　　　　　　　인식

밖　　　　　　안

알 ←

4
알다
알아보다

넋

3
사과를 보다
녀기다
＝넋＋이＋다

이것
＝현존재

늧

1
느끼다
＝늧＋이＋다

얼

2
얼이 보이다
어리다
＝얼＋이＋다

것

것
＝존재

밖에 있는 사과가
눈에 보일때,
머리 안에서 일어나는
일의 차례

'아람'과 발음이 비슷합니다. 사전을 찾아보면 아람은 알, 즉 열매가 무르익은 상태입니다. 잘 익은 낱낱의 사과나 배라고 할까요. 한국인은 어떤 대상을 말로 여겨 앎을 갖추게 됩니다. 사람의 앎은 전체를 낱낱으로 분류한 것입니다. 앎, 아름, 아람의 발음이 모두 비슷하죠. 이처럼 '아름'이라는 말소리에는 '낱낱의 알'이라는 느낌과 '앎'이라는 의미가 있습니다.

　'아름드리 나무'라는 말에서 아름은 한 사람이 두 팔을 벌려서 안을 수 있는 정도의 줄기입니다. 한 아름, 두 아름처럼 아름은 일종의 크기를 구분하는 객관적 기준으로 쓰이기도 합니다. 그런데 모든 사람의 팔길이가 똑같을 수 없습니다. 한 아름이라도 아이보다 어른의 한 아름이 클 것입니다. 어린아이의 한 아름과 어른의 한 아름이 다르기에 아름은 개인의 줏대이기도 합니다. 이처럼 아름은 각자의 기준이 다르다는 점에서 각자의 아름을 인정합니다. 우리말에서 아름과 비슷한 말로 '나름'이 있죠. 우리가 흔히 말하는 '나름대로'는 각자의 취향을 의미한다는 점에서 뭔가 연결성이 느껴집니다.

　　이번에는 '다움'을 살펴보죠. 사람은 무엇을 함으로써 무언가가 되기를 바랍니다. 가령 공부를 열심히 해서

아름다움의 개념들 ——————— 43

선생님이 되기를 바라죠. 선생님이 되고 나서도 공부를
이어가는 이유는 선생님'다워'지기 위함입니다. 이것이
바로 '다움'입니다. 선생님다움은 개인의 주관적 판단을
넘어 객관성을 인정받는 것입니다. 즉 우리말에서 '답다'는
객관적으로 잘한다, 탁월하다, 훌륭하다를 의미합니다.

　　아름이 낱낱의 알로서 내적으로 고루고루 어울리는
상태라면, 다움은 외적으로 다른 것들과 견주어 훌륭한
상태라고 할 수 있습니다. 가령 사과가 다 익은 상태는
아름입니다. 이 사과가 다른 사과들과 견주어 잘 익었다면
'사과답다'라고 말할 수 있겠죠. 이런 점에서 다움이란
낱낱의 아름이 다른 아름들과 견주어 더 좋은 상태로
나아간 것을 의미하죠. 그래서 사과가 된 것과 사과다운
것이 다르듯 '사람이 된 것'과 '사람다운 것'은 다릅니다.
그래서 우리는 곧잘 이렇게 말합니다. "사람이 사람다워야
사람이지."

　　우리말 '아름다움'은 낱낱의 아름이 자신의 목적을
객관적으로 완성한 상태, 즉 아름이 고루고루, 다움이
두루두루 인정된 상태를 의미합니다. 아름이 다움을
이루려면 사적인 줏대와 아울러 공적인 잣대가 어울려야
합니다. 그래서 사사로운 취향은 온전한 아름다움이라

말할 수 없습니다. 다움이 없으니까요. 진정한 아름다움이 되기 위해서는 반드시 객관적이고 공적인 기준이 있어야 하고 아름도 이 기준에 부합해야만 하죠. 이렇듯 우리말에서 아름다움은 개인의 취향이나 판단을 넘어 공적인 것을 지향합니다. 다만 공적인 기준은 상황에 따라 다를 수 있습니다. 학생 처지에서 선생님다움과 학부모 처지에서 선생님다움, 선생님 처지에서 선생님다움이 다를 수 있으니까요.

아름다움을 위한 나침반

동서양에서 아름다움을 말하는 말들의 어원과 개념을
살펴봤습니다. 말은 문명의 바탕입니다. 말에 따라 의미가
다르다는 것은 문명에 따라 아름다움의 관점이 다르다는
것을 의미합니다. 문명만이 아니라 시대 변화와 문화적
상황에 따라 아름다움을 대하는 기준도 달라집니다.
어떤 때는 내면을 중시하고 어떤 때는 겉모습을 중시하죠.
서양 예술에서는 사실적인 비례와 요소 사이의 결합 형식을
중시하는 반면에 동양 예술에서는 전체적인 느낌과
유기적 흐름을 중시합니다. 과거에는 공동체를 우선시한
객관적 아름다움을 강조했다면, 근대에는 개인의 주관적
아름다움을 강조합니다.

　　이렇듯 시공간에 따라 아름다움의 위상이 달라지는데,
문명이나 시대, 특정 분야를 기준으로 아름다움을 규정하는
시도는 편파적일 수밖에 없습니다. 이는 아름다움에 반하는
폭력적이고 오만한 태도일 수 있습니다. 또한, 아름다움의

　———　아름. 다움,

절대적 기준이 있다는 것도 어리석은 생각입니다. 이런 생각은 전혀 아름답지 않죠. 그런데도 사람들은 아름다움의 기준을 요구합니다. 절대적이지는 않더라도, 아름다움의 객관적 기준을 찾으려고 끊임없이 노력해왔죠. 아름다움의 유일하고 절대적인 기준은 아니더라도 모든 인간이 공통으로 인정하는 아름다움의 기준이 있으리라 믿는 것이죠. 진·선·미, 황금비 같은 것이 그런 노력의 흔적입니다.

　　과연 모든 것을 충족하는 아름다움의 기준이 존재할 수 있을까요? 나 자신이 기준이 될 수는 없을까요? 어찌 되었든 아름다움은 내가 느끼는 것이니까요. 그러나 이런 주관적 기준은 때로 삿되고 이기적으로 보일 수 있습니다. 객관적 기준에도 어긋나죠.

　　서양 미학에서 말하는 아름다움은 두 가지로 갈립니다. 소크라테스는 덕성으로서의 아름다움을 논했습니다만 제자들은 저마다 다르게 수용했습니다. 플라톤은 선의 이데아가 있다고 믿었습니다. 반면에 '미친 소크라테스'라 불리던 디오게네스는 선이 각자의 마음속에 있다고 주장했습니다. 전자는 아름다움에 객관적인 기준이 있다는 것이고, 후자는 아름다움이 주관적 판단에 달렸다는 거죠.

아름다움의 개념들 —————— 47

아직도 이런 두 관점은 타협점을 찾지 못했습니다.

　이렇듯 아름다움의 기준에는 상반되는 것들이 서로 얽혀 있습니다. 정답이 있으면서도 없고, 쉬우면서도 어렵고, 단순하지 않지만 복잡하지도 않습니다. 이런 모순과 역설 때문에 많은 사상가가 아름다움의 개념을 정립하려고 했습니다. 그러나 논의할수록 아름다움은 의미가 한정되기는커녕 더욱 확장되고 복잡해질 뿐입니다. 개인의 판단으로는 짐작할 수 없을 만큼 실체가 멀어집니다. 파고들수록 깊은 함정에 빠집니다. 이것이 아름다움의 딜레마입니다. 그래서 아름다움을 살피려면 너무 멀리 물러나도 안 되고, 너무 깊게 들어가도 안 됩니다. 적당한 거리를 유지해야 합니다.

　우리는 무언가의 기원을 말할 때 대부분 그것을 과거에서 찾습니다만, 아름다움의 기원은 현재와 미래까지도 살펴야 합니다. 왜냐면 아름다움이란 살아 있는 사람이 현재 느끼고 생각하는 것이자 미래에 투영된 희망이니까요. 사람은 심지어 두렵고 처절한 감정에서도 희망을 찾습니다. 절망의 땅에서 희망의 씨앗을 찾을 때 아름다움에 대한 감정이 샘솟습니다. 절망이 클수록 아름다움의 감동도 커집니다.

아름다움을 발견하려는 노력은 과거의 얽매임에서
벗어나려는 노력입니다. 어제보다 나은 오늘을 향한
노력이자 오늘보다 나은 내일을 향한 희망입니다. 그래서
아름다움을 살피려면 과거의 사실만이 아니라 현재의 느낌,
미래의 희망까지도 고려해야 합니다. 과거, 현재, 미래,
어느 것 하나 소홀히 다루지 말고 공평해야 합니다. 또한,
아름다움을 한 분야로 좁혀서도 안 됩니다. 큰 틀에서
생각해야 합니다. 감각적 아름다움과 동시에 초월적인
접근도 필요합니다. 그러면서도 너무 멀리 가면 안 됩니다.
적어도 한 발은 땅을 딛고 있어야 하죠.

감각적이고 초월적인 아름다움을 이해하려면 다각도로
접근하고 다면적으로 이해해야 합니다. 특정 기준에 기대지
말고 고루고루 두루두루 살펴야 합니다. 숲을 거니는
기분으로요. 길이 모호한 복잡한 숲에서는 길을 잃어버리기
쉽습니다. 그래서 나침반을 하나 만들었습니다. 뒷장의
모형입니다. 이 모형 전체가 아름다움을 의미합니다.

모형은 우리에게 익숙한 진·선·미를 기준으로
삼았습니다. 앞서 말했듯이 진·선·미는 일종의 판단
기준입니다. 진위(眞僞)는 겉과 속의 일치하는지 살피는
과정으로, 일치하면 참이고 일치하지 않으면 거짓입니다.

아름다움의 개념들 ──────── 49

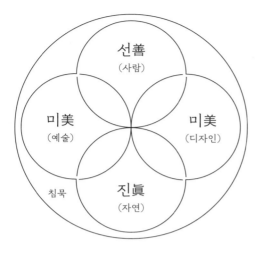

아름. 다움,

미추(美醜)는 예쁘고 추함의 취향으로 겉으로 하는 경험에 해당합니다. 선악(善惡)은 마음속에 있는 선함과 악함을 살피는 도덕적 판단의 대상입니다. 진위, 미추, 선악은 각각 나름의 판단형식이지만 이들이 함께 있으면 각각의 역할이 부여됩니다. 우리가 어떤 사물을 경험하고 판단할 때 미(美)는 겉으로 드러나 직접 경험할 수 있는 상태이고, 선은 속에 들어 있어 짐작으로 알 수 있는 상태죠. 그리고 진은 겉과 속, 즉 경험과 짐작이 서로 맞는지 틀리는지 판단하는 기준입니다.

모형을 보면 진과 미, 선과 미는 공유하는 영역이 있지만, 진과 선은 공통영역이 없습니다. 우리가 어떤 대상이든 겉을 경험할 뿐, 속을 경험할 수는 없기 때문입니다. 그래서 진위(眞僞)를 판단할 때 결국 겉에서 비롯한 미적 경험에 의지할 수밖에 없습니다. 그리고 그 경험을 통해 속에 있는 선을 짐작합니다. 이런 이유로 진과 선의 공통영역이 없습니다.

진·선·미를 다시 '예술, 디자인, 자연, 사람'이라는 구체적인 분야로 나누어 나눠봤습니다. 이 분야들은 모두 아름다움이 무엇인지 고민하고 실천해왔습니다. 미적 관점은 예술과 디자인의 바탕이 됩니다. 자연의 아름다움인

아름다움의 개념들 ———— 51

진은 과학적 태도를 통해 발현되고, 사람의 아름다움인
선은 도덕적 태도의 목표입니다. 아름다움과 관련해서
예술과 디자인은 감각지각에 의한 주관적 관점을 강조하고,
자연과 사람은 생각을 통해 객관적 관점을 강조합니다.
이런 분야들은 공유하는 영역이 있기도 하고, 없기도
합니다. 자연과 사람의 공통분야가 예술과 디자인입니다.
겹치는 부분은 각각 주장하는 아름다움의 성격이
비슷하겠죠. 상반된 분야인 자연과 사람은 '예술'과 '디자인'
이라는 분야를 통해 서로 만날 수 있습니다. 그런데 예술과
디자인에도 공통영역을 두지 않았습니다. 그 이유는 나중에
말씀드리겠습니다.

　　정리하면 진과 선이 자연과 사람으로 구분되고, 상반된
두 가지 미가 예술과 디자인으로 구분됩니다. 안타깝게도
모든 분야의 공통영역은 없습니다. 굳이 있다면 이 모든
분야를 포괄하는 사람의 존재와 인식 자체겠죠. 이를 딱히
뭐라 말하기 어려워 그냥 '침묵'이라고 적었습니다. 우리와
늘 함께하지만, 아직 발견되지 못해 침묵하는 아름다운
존재들이 있을 테니까요.

　　앞으로 우리는 각 분야에서 말하는 아름다움의 관점을
차례로 살펴볼 것입니다. 우리 시대를 대표하는 여러 분야의

아름다움에 대한 관점과 태도를 알면, 아름다움이 우리 삶에서 어떤 역할을 해왔는지, 앞으로 어떤 역할을 할 수 있을지 생각해볼 기회가 될 것입니다.

* }

;

아름다움의
관점들

》

*
*

. . ,

《

')

*

}

아름다운
예술

[소통과 기록]

아름다움을 대표하는 분야는 예술입니다. 우리는 보통
'예술'이라고 하면 전문적인 미술(fine art)을 떠올립니다.
하지만 예술은 전문가들만의 활동도 아니고, 최근에
생긴 분야도 아닙니다. 아주 오래전부터 언제 어디서나
누구나 함께 해왔던 활동이죠. 그럼, 최초로 예술 활동이
시작된 것은 언제였을까요? 예술을 무엇이라 정의하느냐에
따라 의견이 달라지겠지만, 포괄적인 입장에서 예술은
구석기 시대에도 있었습니다. 물론 구석기 시대 예술 흔적은
대부분 사라졌습니다만, 19세기부터 아주 오래전에 남겨진
예술 흔적이 종종 발견되고 있습니다.

구석기 시대 동굴 벽화를 보신 적이 있나요? 수만 년
전에 그려진 참으로 신비한 그림이죠. 동굴 벽화를 실제로
본 사람 말로는 아주 실감 난다고 합니다. 무엇보다 동굴의

벽면을 잘 활용했습니다. 벽의 울퉁불퉁한 부분이나 튀어나온 부분을 활용해서 마치 동물이 살아 움직이는 듯 묘사했죠. 어두운 동굴에서 가물거리는 불빛을 받으면 그림은 진짜 살아 있는 것처럼 보였을 것입니다.

동굴 벽화가 그려진 장소는 구석기인들의 거주지가 아닙니다. 그들은 대부분 동굴 입구에 거주하는데, 벽화가 그려진 지점은 동굴 속 깊은 곳에 있기 때문이죠. 그림이 깊고 험한 곳에 있다는 것은 누군가가 감상하기를 바라고 그린 것만은 아니라는 의미일 것입니다. 단순한 감상을 넘어서는 더 중요한 이유가 있었겠죠.

고미술학자들은 벽화가 그려진 동굴 깊숙한 곳이 신성한 장소가 아니었을까 하고 추정합니다. 벽화에 그려진 동물도 단순히 주변에서 흔히 보는 대상을 재현한 것이 아니라 그들이 숭배하는 토템을 모셔놓은 것은 아닐까 싶고요. 만약 자신이 숭배하는 동물 신을 그린 것이라면 아마 이 그림을 그린 사람들은 무척 경건한 마음으로 그림을 모셨을 것입니다. 성당이나 불당에 모셔놓은 그림처럼요. 그러니 훼손되지 않고 지금까지 전해질 수 있었겠죠. 벽화가 수만 년이 지난 지금까지 보존돼 있으니 거기 그려진 동물 신은 영생을 누린 것이나 다름없습니다.

아름다움의 관점들 ———————

라스코 동굴 벽화,
기원전 1만 7000 - 1만 5000년경
그려진 것으로 추정

58 ——————————— 아름. 다움,

깊숙한 동굴에 이 정도 그림을 그릴 실력이라면 구석기 시대에 수많은 그림이 있었을 것입니다. 나무, 땅, 바위 등 여러 곳에 많은 그림을 그렸겠죠. 그래서 저는 조금 다른 측면에서 벽화들을 해석합니다. 신을 모신다기보다는 자기 생각을 그림으로 표현해 종족의 역사를 가르치고 전승하려 했던 것은 아니었을까요? 간단히 말해 소통과 기록을 위해 그림을 그렸다고 추측합니다. 고대 귀족들이 그림 같은 예술 작품으로 자신의 주요 치적과 자기가 겪은 중요한 사건의 기록을 남겼던 것처럼 말입니다.

동굴 벽화는 그 자체로 그때 그곳에 살던 사람들의 생각을 기록한 중요한 역사기록물이라면 그래서 그림에 당시 사람들이 겪었던 전쟁이나 전염병 등 주요한 사건에 대한 기록이 담겨 있을지도 모릅니다. 또 동굴 깊숙한 곳에 그렸던 것도 중요한 기록이 사라지는 것을 우려해서가 아닐까 싶습니다. 어떤 동굴 벽화는 계속 덧칠하고 그림이 추가된 흔적이 있습니다. 이것은 시간이 지나면서 기록이 업데이트되었다는 증거가 아닐까요? 소중하게 보관된 덕분에 수만 년이 지난 지금까지 그림이 전해진 것이겠죠.

예술의 근본적 목적은 '기록'이 아닐까 싶습니다. 그림 그리기는 예나 지금이나 가장 효율적인 기록과 소통방식입니다. 요즘은 누구나 문자를 알고 있어 생각나는 대로 바로바로 기록할 수 있지만, 과거에는 기록 자체가 쉽지 않았습니다. 이야기를 만들고 그림으로 그려 기록을 남겨야 했을 것입니다.

사람의 기억은 금방 사라지거나 왜곡됩니다. 그래서 기록이 사람들의 기억을 지배하기에 권력자들은 자신의 업적을 기록으로 남기고 싶어 합니다. 그 덕분에 그림과 문자를 전문적으로 다루는 사람들이 등장했습니다. 그림을 그리거나 문자를 다루는 능력은 아주 특별했습니다. 극소수만이 기록할 자격과 능력을 갖추고 있었죠. 이들은 권력의 주변에서 살아갔습니다. 당연히 일부 권력을 누릴 수 있었겠죠. 권력자와 기록자가 역사를 기록하고, 역사를 중심으로 집단 규모가 더 커졌습니다. 역사기록 덕분에 권력은 더 커지고 공고해졌죠.

그럼, 이런 질문을 해볼 수 있습니다. 언제부터 기록이 권력이 되었을까요? 구석기 시대? 농경시대? 근대? 그 흐름을 이해하기 위해 시간을 거슬러 올라가보죠.

약 1만 년 전 인류는 이동을 중단하고 정착했습니다. 생산 활동이 수렵 채집에서 농경과 목축으로 전환 되었습니다. 이런 변화가 낳은 결과는 엄청납니다. 인류의

아름. 다움,

생활 자체가 혁명적으로 바뀌었습니다. 구석기 수렵 채집은 그날 먹을 것을 그날 구하지만, 농경은 생산 시기가 정해져 있습니다. 봄에 씨를 뿌리고 가을에 수확하는 활동이 반복됩니다. 자신의 의지보다는 자연의 변화와 리듬을 따르는 삶, 즉 패턴이 있는 삶을 살게 됩니다. 이 질서는 인간이 임의로 바꿀 수 없습니다. 자연의 리듬을 따라야만 살아남을 수 있었죠.

이동하며 수렵과 채집으로 살아가는 사람들은 그날 확보한 식량을 그날 먹으며 살아갑니다. 이들에게는 시간 개념이 별로 없습니다. 과거나 미래보다는 현재가 더 중요합니다. 반면에 한곳에 정착해 농경과 목축을 하는 사람들에게는 시간 개념이 중요했습니다. 가을에 수확한 농작물을 저장해뒀다가 겨울과 봄에 식량으로 활용해야 했으니까요.

미래를 넉넉하게 준비하려면 잉여 생산물이 필요했습니다. 잉여 생산물이 많을수록 소유도 늘어났을 것입니다. 소유가 재산이 되고 재산이 대물림되면서 재산 격차가 생겼을 테고, 이에 따라 계층이 나뉘게 됩니다. 빈부 격차가 점점 심해지면서 계층에 따른 분업화가 일어납니다. 분업화는 생산을 늘리고 인구도 늘어났을

아름다움의 관점들 ———— 61

차탈회위크, 터키에 있는
신석기 시대 초기 도시 유적,
기원전 7500 - 5700년경

차탈회위크를 복원한 이미지 모형

——————— 아름. 다움,

것입니다. 그래서 보통 농경사회는 수렵사회의 집단 규모보다 훨씬 큽니다. 약 7-9천 년 전 농경민들이 거주했던 현재의 터키 중앙 아나톨리아 지역 코니아에 있는 신석기 시대 초기 도시 유적 차탈회위크(Çatalhöyük)에는 약 8천 명 정도가 거주했다고 합니다.

인구와 소유가 늘어나면서 계급이 분화합니다. 지배계급은 큰 집단을 하나로 모을 동기가 필요했습니다. 사회구성원이 정신적으로 의지할 대상이 있어야 했죠. 그렇게 신화와 종교가 생겨납니다. 지배계급은 주로 신화와 종교에서 자기 역할을 하고, 농사일은 주로 피지배 계급이 맡았습니다. 예나 지금이나 권력자는 힘든 일을 피하게 마련이죠. 노동자가 줄어들자 생산량이 적어지고 인구가 늘어나면서 주변 환경이 파괴됩니다. 인구증가와 환경파괴는 식량 생산에 부정적인 요인이 됩니다. 점차 생존의 위기감이 고조되죠. 그래서 지배계급의 종교 메시지는 절제와 나눔을 강조합니다. 절제와 나눔으로 위기를 극복하려는 것이죠.

정착을 시작한 인류의 삶은 패턴을 형성합니다. 자연적으로는 농경과 목축을 위한 패턴이, 인위적으로는 계급에 의한 권력 패턴이 만들어지죠. 이 패턴에 따라 집단의 흥망성쇠도 반복됩니다. 정형화된 패턴은 특정한 이미지 형식으로 귀결됩니다. 그리고 형식적 이미지가 사람들의 인식과 태도를 지배하죠. 사람들은 형식 안에서 삶의 의미를 찾게 됩니다.

『예술과 문명의 사회사(*Sozialgeschichte der Kunst und Literatur*)』를 저술한 아르놀트 하우저(Hauser Arnold, 1892-1978)는 예술을 '자연주의'와 '형식주의'로 구분합니다. 자연주의는 '있는 그대로' 사태를 바라보는 태도입니다. 그림으로 치면 보이는 대로 그리는 방식입니다. 구석기인들은 자신이 모시는 토템 신을 그릴 때 대상을 사실적으로 묘사합니다. 대상을 그대로 모방하는 사실적 그림에는 관찰력과 더불어 전문적인 소묘 능력이 필요하죠.

반면에 형식주의는 개별적 사실을 넘어 보편적 혹은 추상적인 태도입니다. 사실적 묘사보다 패턴과 정형화된 형식성을 중요시합니다. '보이는 대로'가 아니라 '생각하는 대로' 표현합니다. 계층이나 계급이 이미지 형식으로 구분되므로 지배계층에게는 형식을 유지하는 것이 매우 중요했습니다. 대상이 어떤 형식에 담겨 있느냐에 따라 의미가 완전히 달라졌죠.

구석기 시대 예술이 주로 자연주의를 추구했다면,

농경시대부터는 형식주의 경향이 강해집니다. 고대 이집트 문화나 기독교 문화에서는 자연주의보다 형식주의가 더 중요했습니다. 지중해 크레타섬이나 그리스 등 자유로운 해양 문명에서는 자연주의 경향이 더 도드라졌습니다. 그래서 지중해 문명에서는 점차 자연주의와 형식주의가 섞이는 경향을 나타냅니다.

자연주의와 형식주의는 상황에 따라 다르게 적용됩니다. 효과적으로 메시지를 전달해야 하는 성직자나 귀족의 예술은 형식성이 강한 예술을 선호합니다. 반면에 쾌락을 중시하는 사람들은 찰나의 감각을 중시하기에 자연주의적 경향을 선호합니다. 고대 이집트 기록에서도 노예나 동물들을 묘사할 때는 자연주의적 경향이 강했지만, 왕이나 귀족을 묘사할 때는 '정면성의 원리' 등 특정 형식을 적용했습니다.

자연주의 예술에는 '보이는 대로 그린다'는 공통의 특징이 있지만, 형식주의 예술에는 보편적 기준이 없습니다. 문명과 문화, 종교, 각자의 생각과 상황에 따라 기준이 달라지기 때문이죠. 또 예술가의 기질에 따라서도 각기 다른 모습을 보입니다. 우연한 기회에 어떤 형식적 기준이 정해지고 관철되면 그 기준이 형식적 관습이 되고, 해당

아름다움의 관점들 ——————— 65

목수, 금속 노동자 등 장인들의 모습을 그린
고대 이집트 벽화, 기원전 1390-1349년경

형식이 계승되면서 그 시대를 대표하는 아름다움의 기준이
됩니다.

　　자연주의와 형식주의의 구분은 아름다움에 대한 태도로
연결됩니다. 아름다움에 대한 자연주의적 태도는 있는
그대로 보는 것입니다. 경험하는 대로, 보이는 대로, 사실
그대로, 그 자체의 느낌을 감상하는 것이죠. 형식주의적
태도는 다소 권위적이고 폐쇄적입니다. 그림이든 글이든
이해하려면 반드시 형식의 원리를 이해해야 합니다.
표현방식이 어떤 시대의 형식인지 또 그 형식이 무엇을
의미하는지 알아야 기록된 메시지를 해독할 수 있습니다.

　　사람의 마음에 감성과 이성이 공존하듯이 예술의
역사에도 자연주의와 형식주의는 늘 공존했습니다.
아름다움에도 상반된 두 관점이 상호작용하면서 대칭과
비례 등 다양한 형식과 기준들이 만들어집니다. 지금부터
그 일부를 살펴보죠.

[대칭과 비례]

가장 오래된 예술 형식을 꼽으라면 아마 '대칭'일 것입니다.
대칭 형식은 구석기 시대까지 거슬러 올라갑니다. 현생
인류의 조상인 호모 에렉투스의 뜻은 '두 발로 보행하는

구석기시대 도구의 선구적 발견자인
존 프레어(John Frere, 1740 - 1807)가 그린 손도끼

——————— 아름. 다움,

원시인'입니다. 이들은 나무와 뼈, 돌 같은 다양한 재료로 도구를 만들었지만, 오랜 시간이 지나면서 모두 사라지고 돌로 만든 도구만이 남았습니다. 그것이 바로 주먹도끼 입니다. 주먹도끼는 1797년 영국 고고학자 존 프레어 (John Frere, 1740-1807)가 최초로 발견했는데, 이 발견 덕분에 구석기 시대의 존재를 인식하게 되었죠.

　　주먹도끼에는 돌로 깨서 만든 타제석기와 정교하게 갈아서 만든 마제석기가 있습니다. 전자는 구석기 시대, 후자는 신석기 시대 유물입니다. 구석기에서 신석기로 넘어오면서 제작 기술이 발달했지만, 형태는 대부분 유사합니다. 손잡이가 둥글고 끝이 뾰족하며 좌우 대칭이죠. 정성스레 갈아서 만든 마제석기에는 대칭성이 더욱 뚜렷합니다. 혹시 신석기인들은 대칭을 의식했을까요? 아무튼, 주먹도끼가 발전하면서 대칭성은 더욱 강조됩니다.

　　현대인들도 대칭을 선호합니다. 특히 아이들은 물건을 만들거나 배열할 때 대칭을 중요하게 의식한다는 것을 알 수 있습니다. 어른들도 아름다움의 기준으로 대칭을 강조합니다. 잘생긴 연예인을 말할 때 '얼굴의 좌우가 완벽한 대칭'이라는 표현을 씁니다. 성과를 분배할 때도, 대화할 때도 대칭을 의식합니다. 나눠 갖는 이익이나 발언하는

고대 이집트의 왕 멘카우레 동상,
기원전 2551 - 2523년경

고대 이집트의 린드가
원주율 π의 계산을 정리한 린드
파피루스, 기원전 1650년경

──────── 아름. 다움,

시간이 대칭을 이루어야 공정하고 정의롭다고 생각하죠. 이처럼 과거든 현재든 사물을 만들 때나 나눌 때, 말하고 행동할 때 우리는 대칭을 중요한 기준으로 삼습니다.

　　신석기 문명의 대칭 형식은 농업 문명으로 이어집니다. 이집트 문명이 남긴 유물과 작품을 보면 대칭이 강조 되었음을 잘 알 수 있습니다. 이집트를 대표하는 피라미드나 신전, 무덤에서 출토되는 조각에는 대부분 대칭 형식이 적용되었습니다. 특히 파라오와 귀족 같은 지배계층을 묘사할 때는 더욱 엄격하게 대칭을 적용했죠.

　　고대 이집트의 농경은 나일강의 범람에 의지했습니다. 나일강이 넘치고 나면 땅이 비옥해지죠. 이집트 사람들은 나일강의 범람 패턴을 파악해야 했습니다. 범람 후에는 경계가 사라진 농지를 다시 구획해야 했습니다. 그래서 자연스럽게 기하학과 수학이 발달했습니다. 수학을 활용해 땅을 구획하고 피라미드 같은 거대한 건축물을 세웠습니다. 때로는 조각과 벽화에도 엄밀한 수학 형식이 적용되었죠. 당시 가장 선진적이었던 이집트 문명은 지중해의 여러 국가에 영향을 주었습니다. 고대 그리스와 로마, 페르시아도 이집트의 영향을 받았습니다.

　　현재 우리가 알고 있는 그리스-로마 미술 양식은

아름다움의 관점들 ————————

이집트만이 아니라 크레타섬, 페르시아 제국 등 당시 지중해에 공존했던 여러 문명과 문화의 영향을 받아 형성되었습니다. 초기 그리스인들은 크레타섬에서 발원한 미노아문명의 독특한 자연주의의 영향을 받았습니다. 기원전 16세기 화산폭발로 크레타섬이 쇠락하고, 고대 그리스의 미케네문명이 발흥합니다. 미케네문명은 북부 이오니아를 지배하던(현재 터키 서부) 트로이를 무너뜨리고 에게해 패권을 장악했습니다만, 12세기 도리스인들의 침공으로 몰락합니다. 도리스인들은 북방 농경 문명의 후예들입니다. 이 과정에서 고대 그리스는 도리스문명의 엄격한 형식주의에 종속됩니다. 영화「300」에 나오는 스파르타를 보면 도리스문명의 형식을 다소 짐작할 수 있습니다.

　도리스 침공 이후 약 600년간 그리스 문명은 그다지 주목받지 못했지만, 기원전 5세기 페르시아의 침공을 막아내면서 그리스인들은 지중해 문명의 주역으로 떠오릅니다. 전쟁의 승리로 자신감을 되찾은 그리스인들은 자신만의 새로운 미술 형식을 구축합니다. 고대 그리스의 고전기 예술이 이때 등장합니다. 이들은 전통적인 대칭보다 비례를 강조했습니다. 그리스 고전기 조각을 보면 이집트나

페르시아와 비교할 때 자세가 자연스럽습니다. 자연주의 경향이 강조됩니다. 이때 대칭이 아닌 비례 중심의 형식주의가 새롭게 등장합니다.

기원전 5세기 「도리포로스(Δορυφόρος)」나 「디에두메노스(διαδούμενος)」같은 유명한 작품을 남긴 조각가 폴리클레이토스(Πολύκλειτος, BC ? - 420)는 자신의 저술인 『카논(κανών)』에서 형식주의와 자연주의를 절충한 예술론을 전개합니다. 그는 이상적인 인체의 비례가 7등신이라고 생각했습니다. 이 비례가 적용된 조각이 「도리포로스」입니다. 왼손에 창을 들고 얼굴을 약간 돌린 「도리포로스」는 그리스 조각의 모범이 되었죠. 이때부터 그리스 고전기 미술이 주변 국가들에서 인기를 끕니다. 인체 비례에 근거한 자연스러운 동작과 표정이 돋보이는 조각이 다수 제작되었습니다.

기원전 4세기부터 조각가 리시포스(Λύσιππος, BC 4세기)는 가장 아름답고 조화로운 인체 비례는 폴리클레이토스가 주장했던 7등신이 아니라 8등신이라고 주장합니다. 비례의 기준이 바뀐 셈입니다. 2,500년이 지난 오늘날 패션업계에서는 이상적인 신체 비례를 9등신으로 보고 있습니다. 이처럼 아름다움을 규정하는 비례 개념은

아름다움의 관점들 ———————

폴리클레이토스의 조각으로 알려진
도리포로스 상

호주 마커스 클락 백화점의
봄 및 여름 카탈로그 표지, 1926년

74 ——————————— 아름. 다움,

대칭 개념보다 유연합니다. 시공간의 맥락에 따라 비례의
형식 기준도 달라지죠.

고대 그리스의 미술 양식이 지금까지 이어진 것은
알렉산드로스('Αλέξανδρος, BC 356 - 323) 대왕 덕분입니다.
마케도니아 출신인 알렉산드로스는 그리스 반도를 점령한
뒤 이집트를 정복하고 거대 제국 페르시아까지
굴복시킵니다. 기세를 몰아 인도 동쪽까지 점령하죠.
그렇게 거대한 헬레니즘 제국이 탄생합니다. 이 과정에서
고대 그리스 미술 양식은 지중해와 페르시아, 인도에
전달됩니다. 그 덕분에 인도 불교의 간다라 양식이
형성되었습니다. 이 양식은 유라시아 대륙 동쪽 끝에 있는
신라에까지 전해졌기에 우리는 석굴암에서도 간다라
양식을 감상할 수 있습니다.

고대 그리스가 몰락하고 로마가 지중해를 장악합니다.
로마는 고대 그리스 고전기 양식을 수용합니다.
그리스인들보다 더 자유분방했던 로마인들은 그리스 양식을
바탕으로 다양한 예술 작품을 만들어냅니다. 그렇게
그리스-로마 미술은 형식이 크게 완화되었고, 자연주의를
대표하는 예술 형식이 되었습니다.

5세기 전염병과 전쟁, 부패 등 여러 이유로 서로마

——————————— 아름. 다움,

제국이 몰락하면서 기독교가 지배하는 사회가 되었습니다. 이 시기를 역사에서는 '중세'(Middle Ages, 11-13세기)라 말합니다. 기독교는 형식이 엄격한 종교이기에 기존 그리스-로마의 자연주의 예술은 배척됩니다. 경건함을 강조한 형식주의 예술로 회귀하죠. 마치 이집트 시대처럼 말입니다.

14세기 이후 중세사회의 경제가 발전하면서 딱딱한 형식주의는 완화되고 자연스러움을 강조한 작품들이 부활합니다. 미술사에서는 이 현상을 '르네상스(Renaissance)'라고 부릅니다. 프랑스어 르네상스는 재탄생을 의미하는데, 신이 아니라 인간을 중심에 두었던 '그리스-로마 문명을 재탄생시키자'는 의미입니다. 르네상스를 계기로 그리스-로마 시대 유물과 작품이 다시 주목받게 됩니다. 그리고 예술의 자연주의 경향이 다시 유행하게 되죠. 이 경향이 18-19세기 근대까지 이어져 미국 국회 건물 등 다수의 서양 건축에 적용됩니다. 십지어 우리나라 덕수궁에서도 고대 그리스-로마 시대 양식의 흔적을 찾아볼 수 있죠.

18세기 독일의 미학자이자 미술사가인 빈켈만(Johann Winckelmann, 1717-1768)은 고대 그리스 조각이 최고의 예술 형식이라고 극찬했습니다. 그는 『그리스 회화와

영국 건축가 J.R. 하딩이 설계한 덕수궁 석조전과 서양식 정원, 1900–1910

──────────── 아름. 다움,

조각에 있어서의 모방에 관한 연구(*Gedanken Uber die Nachahmung Griechischen Werkeinder Malerei Bildhauerkunst*)』라는 책을 썼는데, 줄여서 『모방론』이라고 부릅니다. 그는 인간의 자연스러운 모습을 그대로 모방한 그리스-로마 예술이야말로 최고의 아름다움을 표현하는 형식이라고 생각했습니다. 특히 그리시 시대 조각으로 로마 시대에 발굴된 「라오콘 군상(Λαοκόων)」을 두고 '고귀한 단순, 위대한 고요'라고 말하며 그리스-로마 시대를 대표하는 최고의 작품으로 평가했습니다.

대칭과 비례를 특징으로 하는 조화로운 형태는 아름다움의 고전적 기준입니다. 현재 서양의 고전미술, '아카데미즘'이라고 부르는 경향에 속하는 예술 작품들은 대부분 그리스-로마의 비례미와 모방론에 바탕을 두고 있습니다. 그래서 미술 아카데미 교육에서는 무엇보다 소묘 능력을 강조했죠.

투시도법은 르네상스 이후 새롭게 등장한 또 하나의 비례 형식입니다. 투시도법은 피렌체의 건축가였던 브루넬레스키(Filippo Brunelleschi, 1377 – 1446)에 의해 발명되고 미술가인 알베르티(Leon Battista Alberti, 1404 – 1472)에 의해 형식적으로 정립된 새로운 원근법입니다.

아름다움의 관점들 ———— 79

트로이 신관 라오콘과 그의 두 아들이 포세이돈의 저주를 받는 장면을 묘사한 고대 그리스의 「라오콘 군상」, 대리석, 기원전 200년

마사초(Masaccio, 1401~1428)의 「성삼위 일체(Trinitas)」, 최초로 원근법을 적용한 그림, 1424~1427

물론 그리스-로마의 미술에도 원근법 형식이 있었습니다. 이를 '원형 원근법' 이라고 말하죠. 르네상스 시기 발명된 투시도법은 그리스-로마의 원형 원근법과는 다릅니다. 원형 원근법이 두 개의 눈에 의지한 다초점 방식이었다면 르네상스 투시도법에는 초점이 하나입니다.

　　선형 원근법으로 그린 작품은 마치 벽이 안으로 들어간 듯 사실적으로 보였습니다. 단 특정 시점에서 관람할 때만이 그 사실감을 느낄 수 있죠. 하나의 초점을 강조한 투시도법은 오로지 하나의 주체만을 상정하고 대상을 재현하는, 다소 엄격한 형식주의의 산물입니다. 마치 수학처럼요. 실제로 '선형 원근법' 이라 불리는 투시도법은 수학적 비례에 바탕을 두고 있습니다.

　　르네상스 이후 그리스-로마 미술은 자연주의 경향의 부활이지만, 중세시대와 겹쳐지면서 여전히 형식주의 성격이 강했습니다. '투시도법' 이라는 그 나름의 법칙과 재료와 표현 대상의 제약도 있었습니다. 성직자와 귀족을 위한 그림 대부분이 그리스와 로마 신화나 중세 기독교에서 다루던 성경의 모티브를 주로 활용했으니까요. 이런 점에서 새로 부활한 고전주의 미술은 자연주의와 형식주의의 절충입니다.

아름다움의 관점들 ────

알브레히트 뒤러(Albrecht Dürer, 1471-1528)의 판화, 원근법을 활용한 단축법의 기법을 묘사한 판화. 1525

이탈리아 철학자 잠바티스타 비코『새로운 학문』의 삽화. 좌측 상단에 있는 삼각형은 신을 의미함.

——————— 아름. 다움,

독일 출신 미술사가 파노프스키(Erwin Panofsky, 1892 - 1968)는 르세상스 예술의 새로운 비례 형식이 과학과 철학 등 다른 분야에도 영향을 미쳤다고 주장합니다. 특히 과학 분야에 아주 큰 영향을 줍니다. 15 - 16세기 과학자들은 물리적 성질과 사물의 본질을 수학과 기하학의 비례 형식으로 파악했죠. 서양 과학혁명의 계기가 예술적 형식 변화에서 비롯되었다는 것이 흥미롭습니다.

예술과 과학의 이런 시도는 기존 신학 중심의 철학적 관점이 과학 중심으로 바뀌는 데 크게 이바지했습니다. 수학과 기하학을 접목해 대수기하학을 창시한 데카르트 (René Descartes, 1596 -1511)는 삼각형을 통해 신의 존재를 증명했습니다. 비록 현실에서 정삼각형을 실물로 본 적은 없어도 '정삼각형'이라는 개념이 있다는 사실은 정삼각형이 존재한다는 방증입니다. 이와 마찬가지로 신을 본 적은 없지만, '신'이라는 개념이 있다는 것은 신이 존재한다는 사실을 말해준다는 주장이죠.

서양에서 삼각형은 피타고라스 이래 비례 형식을 대표하는 이미지로 사용되었습니다. 삼각형은 두 개의 꼭짓점이 갈등해 초월적으로 화합한 형태입니다. 아리스토텔레스의 삼단논법, 기독교의 성삼위일체 등

과학과 신학에서 삼각형이 자주 언급됩니다. 17세기 이탈리아 철학자 잠 바티스타 비코(Giambattista Vico, 1668-1744)의『새로운 학문(*Scienza Nuova*)』삽화에 등장하는 신도 삼각형입니다. 예술만이 아니라 서양 철학과 종교, 역사 등 모두 삼각형이 기본 바탕입니다. 이렇듯 어떤 문명이 삼각형과 같은 엄격한 비례 형식을 공유할 때 이를 바탕으로 예술, 철학, 종교, 역사, 과학 등 다양한 분야가 서로 어울릴 수 있습니다. 아름다움의 형식이 어울림의 기반이 되는 것이죠.

[숭고한 아름다움]

서양 예술에 있어 자연주의와 형식주의 그리고 대칭과 비례의 아름다움을 살펴봤습니다. 그리스-로마의 고전주의 예술과 중세의 형식주의 예술 등은 모두 대칭과 비례를 원칙으로 삼았습니다. 현대 이전의 예술은 모두 어떤 대상을 묘사해 의미를 부여했습니다. 그래서 대상의 자연적 비례 관계를 고려해야만 했죠. 그런데 현대에 들어와 '추상' 이라는 새로운 표현 요소가 등장합니다.

한자 '추상(抽象, abstraction)'이라는 우리말로 번역하면 추(抽)는 '뽑는다'이고, 상(象)은 '가리킨다'입니다.

한자에서 상(象)은 생각으로 가리키는 행위인데 그 가리킴이 거짓일 때는 사(似)라고 말하고, 진심일 때는 상(象)이라 말합니다. 종합하면 '어떤 대상을 분해한 다음 중요한 것을 골라 뽑아서 가리킨다'는 의미입니다. 추상은 원래 영어 abstraction의 번역어입니다. 영어에서 파괴는 destruction 이고 건설은 construction입니다. 뭔가 abstraction과 라임이 맞죠. 여기서 주목할 발음은 'ab'입니다.

한 가지 예를 더 든다면, 영어에서 연역법은 de-duction 이고 귀납법은 in-duction입니다. 연역과 귀납은 모두 생각의 방법인데, 연역은 원리를 바탕으로 생각을 벌리는 활동이고, 귀납은 다양한 경험을 일반화해서 원리를 만드는 과정 입니다. 이 중간에 '가추(귀추)'라는 생각법이 있습니다. 가추란 '가설과 추론'을 축약한 말입니다. 가추법은 미국의 철학자 찰스 샌더스 퍼스(Charles Sanders Peirce, 1839-1914)가 고안한 개념으로 영어로는 ab-duction입니다. 이를 통해 우리는 영어에서 ab가 de와 con(in) 사이에 있는 어떤 생각의 방식이 아닐까 생각해보게 됩니다. 정리하면 분해(de)한 것을 가설적으로 추론(ab)해 다시 재구성(con) 하는 생각의 흐름입니다. 즉 '추상(抽象, abstraction)' 이라는 말의 본질적 의미는 짐작하고 따져보는 생각의 과정

그 자체가 아닐까 싶습니다.

　　추상적인 요소들에는 자연적 비례 관계가 적용되지
않습니다. 각자가 마음대로 조작할 수 있죠. 마치 레고
블록처럼 말입니다. 그래서 아름다움에도 새로움 관점이
제기됩니다. 바로 숭고(崇高, sublime)입니다. 오늘날
서양의 현대 예술을 말할 때 가장 많이 언급되는 말이 바로
숭고입니다. 이 개념은 말로 설명하기 어렵습니다.
위대하다, 경이롭다, 신비롭다 등 숭고를 설명하는 장황한
수식어만 나열될 뿐이죠. 숭고의 아름다움을 잘 구현한
작품은 주로 종교예술에서 볼 수 있습니다. 거대한 이집트
피라미드나 거룩한 중세의 성당에 들어가면 경이로운
숭고의 감정을 경험하게 됩니다. 11세기 소박하고 경건한
로마네스크 양식에서 12세기 이후 화려한 고딕 양식까지
성당 건축은 모두 숭고한 공간을 연출하려 했습니다.

　　이집트와 중세 기독교 예술은 엄격한 형식을 갖추고
있었습니다. 그래서 이 시기의 숭고한 아름다움 또한 엄격한
형식을 요구했죠. 반면에 점·선·면이나 색면 등 추상 요소를
적극적으로 도입한 현대 미술은 형식이 자유로웠습니다.
추상 요소로 구성된 작품은 과거의 어떤 형식에도 구속되지
않았습니다. 추상 요소는 그 자체로 어떤 의미를 담고 있지

않기에 예술가가 자의적으로 의미를 부여할 수 있었습니다. 그 덕분에 눈에 보이지 않는 감정이나 개념을 표현할 수 있었죠. 지금도 현대 예술가들은 자기 내면이나 사회 이념 등 실체가 불분명한 개념을 표현할 때 추상 요소들을 활용합니다. 이렇게 표현된 현대 예술에서는 형식적 숭고보다는 자유로운 숭고가 느껴집니다. 숭고에서 고정된 형식이 사라져버린 것이죠.

사람은 인위적 형식만이 아니라 자연적 현상에서도 어떤 숭고함을 느낍니다. 이집트와 중세 예술이 엄격한 기준에 따라 숭고의 느낌을 표현했다면, 그리스와 로마는 자연스러운 표현으로 숭고의 느낌을 전달했습니다. 앞서 언급한 「라오콘 군상」에서 어떤 숭고함을 느낄 수 있으니까요. 또 현대 미술의 추상적 표현에서도 숭고함을 발견할 수 있습니다. 이렇듯 숭고의 느낌은 어떤 형식에 구속되지 않죠.

숭고의 개념은 말로 설명하기 어렵지만, 숭고한 아름다움이 형성되는 맥락은 어느 정도 말할 수 있습니다. 숭고의 미학을 언급한 영국의 사상가 에드먼드 버크 (Edmund Burke, 1729 – 1797)는 『숭고함과 아름다움에 관한 우리의 관념들의 기원에 대한 철학적 탐구

아름다움의 관점들 ——————— 87

추상화가 마크 로스코의
로스코 채플 내부, 1971년

——————— 아름. 다움,

(*A Philosophical Inquiry into the Origin of Our Ideas of the Sublime and Beautiful*)』라는 논문에서 미(beauty)와 숭고(sublime)를 구분합니다. 미는 외적인 아름다움이고, 숭고는 내적인 아름다움이라고 말하죠. 겉으로 느끼는 아름다움과 속으로 느끼는 아름다움을 구분하고, 속에서 느껴지는 긴장감이 바로 숭고라고 말합니다. 감각적 아름다움은 또렷하게 멈춰 있기에 겉으로 보기에 완벽한 형태와 조화를 갖추어야 합니다. 반면에 감정적 긴장감은 지속적으로 변화하기에 완벽한 형태가 아니어도 느낄 수 있죠.

우리는 왜 중세 성당에 들어서면 숭고함을 느낄까요? 중세 예술의 주요 모티브는 신, 천사, 성인입니다. 모두 특정 시공간적 한계에서 벗어난 존재들입니다. 중세에 그려진 벽화나 회화를 보면 상당히 평면적입니다. 원근법을 전혀 적용하지 않았습니다. 의도적으로 시공간을 배제한 느낌이랄까요. 당시 기독교 예술가들은 무한한 존재를 그려야 했습니다. 이를 위해 엄격한 형식을 정립했고 예술가들은 전통적으로 내려오던 그 형식을 지켜야 했죠. 이 형식은 당시 '길드(Guild)'라는 기술공동체에 의해 유지되었습니다. 그래서 중세 예술은 한 개인의 창작이 아닌

로코코 양식으로 꾸며진 독일 뮌헨에 위치한 님펜부르크 궁전(Schloss Nymphenburg) 내부

——————————— 아름. 다움,

사회와 길드 집단 전체의 결실이었습니다. 그러다 보니 중세 작품에는 그 시대를 대표하는 어떤 전체성이 느껴집니다.

중세 길드의 공예가들은 그리스-로마의 자연주의 기법을 부정했습니다. 보이는 대로 모방하기까지는 다시 천 년을 기다려야 했습니다. 르네상스 이후에도 과거 그리스-로마 미술처럼 자유로움을 만끽할 수 없었습니다. 중세의 엄격한 형식과 숭고한 태도가 발목을 잡았기 때문이죠. 르네상스 예술을 대표하는 미켈란젤로 (Michelangelo Buonarroti, 1475-1564)조차 말년에는 그리스-로마 양식을 숭고하게 재해석한 마니에리스모 (Mannerism) 양식에 집중했습니다. 비례에 대한 집착을 버리고 경건한 숭고미를 표현하는 데 주력했던 겁니다. 르네상스 이후 유럽 문명의 예술은 다양한 형식의 혼재와 혼합이 이루어집니다. 중세와 그리스-로마의 양식만이 아니라 동방의 아랍풍, 중국풍도 강하게 불었습니다. 다양한 예술양식이 혼합되면서 우리가 알고 있는 바로크, 로코코 양식 등이 출현했죠.

학자들은 르네상스와 종교개혁이 쌍둥이라고 합니다. 종교갈등으로 중세의 엄격한 미술 형식을 대체하는 새로운 미술 양식이 등장했습니다. 그리스-로마 양식도 부활할 수 있었죠. 르네상스 전성기의 배경에 교황 세력이 있었음에 주목해야 합니다. 중세 가톨릭은 예술 작품에 지극히 절제된 표현만을 허용했습니다. 하지만 종교개혁으로 개신교가 등장하면서 가톨릭교회가 신자들을 빼앗기고 세력이 약해질 수도 있는 상황에 놓이자, 성직자들은 가톨릭교를 적극적으로 홍보해야 할 필요를 느꼈습니다. 그 수단으로 설득력 있는 예술 작품이 필요했던 것입니다. 그래서 다빈치 (Leonardo da Vinci, 1452–1519), 미켈란젤로, 라파엘로 (Raffaello Sanzio, 1483–1520) 같은 새로운 경향의 예술가들을 후원하고, 창작을 고무하게 되었습니다.

　가톨릭과 개신교의 종교갈등, 나아가 종교전쟁은 사람들이 종교 자체에 환멸을 느끼는 계기가 되었습니다. 그리고 새로운 시대정신은 과학과 산업이 발달로 이어졌습니다. 과학혁명과 산업혁명이 거듭되면서 사람들의 시선은 신이 약속한 죽음 이후의 천국이 아니라 살아 있는 지상에서 누리는 행복으로 향했습니다. 그렇게 현실적인 진보와 발전, 새로운 삶에 대한 강한 열망이 근대 계몽주의를 낳았습니다. '신의 이성'이 아닌 '인간의 이성'으로 현세의 행복을 만들어낼 수 있다는 믿음이 강렬해지면서 신앙심 깊은 중세인들의 숭고한 감정은 점차 사그라들었습니다.

경험이 강조되고 자유 개념이 등장하면서 숭고함에
대한 메타적 인식이 싹트기 시작했습니다. 본격적으로
숭고함에 대한 열띤 논의가 시작되었고, 칸트(Immanuel
Kant, 1724−1804), 버크, 브래들리(James Bradley, 1693−
1762) 등 여러 근대 사상가가 숭고의 문제를 성찰했습니다.
조건 없는 신앙, 숭고한 감정을 강요하고 억압하던
중세 신학의 교조주의자들과 달리 경험과 논리로 무장한
사상가의 언어로 숭고가 논의되었죠. 이런 계몽주의자들의
논의 과정을 통해 엄격한 형식에 갇혀 있던 숭고가 해방되고,
인간의 경험적 감각과 재회하게 됩니다.

아름다움을 말할 때 서양의 18세기는 중요한
기점입니다. 17세기 이후 감각에 바탕을 둔 '미(beauty)'는
영국과 프랑스 지성인 세계에서 주요한 철학 주제였습니다.
쾌락과 같은 감정 경험이 재조명되었죠. 이들은 감각적
경험에서 미(beauty)라는 개념을 분리했고, 이것을
아름다움의 바탕으로 여겼습니다. 독일 철학자
바움가르텐은 감각에 기반한 감성을 또 하나의 인식으로
규정하면서 '미학(Aesthetics)'이라는 말을 사용했습니다.
신학과 논리학에 더해 감정에 기반한 미학도 하나의
학문으로 인정되었습니다. 이로써 신성에 바탕을 둔 신학

아래 이성에 바탕을 둔 논리학이 있고, 그 아래 감성에 바탕을 둔 미학이 자리를 잡게 됩니다.

　미학은 영국 철학의 전통인 경험주의와 통하는 지점이 있습니다. 영국의 경험론자인 세프츠베리(Shaftesbury, 1671-1713)와 그의 학문을 이은 프랜시스 허치슨(Francis Hutcheson, 1694-1746)은 '취향(taste)'이라는 개념을 통해 아름다움을 설명합니다. 아름다움은 경험이 축적되어 형성된 인식이자 판단이라고 말하죠. 이런 주장은 영국의 흄(David Hume, 1711-1776)을 거쳐 독일의 칸트로 이어집니다. 칸트는 영국의 자유로운 경험론과 프랑스의 엄격한 합리론 사이에서 갈등합니다. 합리론의 바탕인 수학적 인과법칙은 경험적 인과법칙과 똑같지 않습니다. 인간의 이성을 앞세운 합리론이 수학적인 태도라면, 경험론은 감각을 중시하는 경험적 태도입니다. 수학에서 하나 더하기 하나는 반드시 둘이어야 하지만, 인간 경험은 그렇지 않습니다. 남자와 여자가 결혼하면 아이가 생기니 셋이 될 수 있죠.

　인과론의 한계를 깊이 성찰한 칸트는 이런 갈등을 종합하고 정리했습니다. 칸트는 생각을 지성과 이성으로 구분합니다. 지성은 인식하기 활동이고 이성은 생각하기 활동입니다. 지성은 인식의 결과이기에 답이 있고 이성은 생각의 과정이기에 답이 없습니다. 칸트는 인과관계를 구성하는 과정이 이성이라고 주장합니다. 칸트에게 진정한 생각하기 활동은 이성입니다. 칸트는 이성을 '인간이 타고난 순수한 생각 형식'과 '경험에 기반한 실천적 생각 형식'으로 구분해 각각 '순수이성'과 '실천이성'이라고 부릅니다. 그리고 두 이성을 서로 조화시키는 생각의 힘을 '판단력'이라고 했습니다.

　여기서도 숭고가 등장합니다. 칸트는 이성을 통제하는 판단력의 조건으로 감각과 숭고를 구분합니다. 칸트에게 숭고는 개별적 경험들을 포괄하는 보편적 태도였습니다. 가령 바나나와 사과, 귤 등은 개별적으로 경험할 수 있는 존재입니다. 개별적 존재들의 공통 속성을 부각한 과일이나 식물, 생명 등의 보편적 말은 경험할 수 없죠. 하지만 사람은 과일이나 생명 등 개념적 언어 세계에서도 어떤 경험을 할 수 있습니다. 이 묘한 느낌이 바로 숭고입니다.

　이렇듯 숭고는 보편과 밀접한 연관이 있습니다. 보편적인 말은 단순화된 추상 형태와 유사한 속성이 있습니다. 그래서 숭고를 향한 보편적 판단력은 추상적 상징을 창출하는 능력이 될 수 있죠. 칸트는 이를 '구상력

아름다움의 관점들 ─────── 95

카스파 다비드 프리드리히(Caspar David
Friedrich, 1774-1840), 「안개 바다 위의 방랑자
(Der Wanderer über dem Nebelmeer)」, 1818

나치당이 뉘른베르크 전당대회를 촬영한
다큐멘터리 영화 「의지의 승리(Triumph
des Willens)」(1935)의 한 장면,
감독 레니 리펜슈탈(Helene Bertha Amalie
Riefenstahl, 1902-2003)

(構想力)'이라고 했습니다. 쉽게 말해 일종의 상상력이죠.
상상력은 말을 가진 인간의 독특한 특징입니다. 말이 있기에
생각도 할 수 있습니다. 인간은 말에 의한 상상력을 통해
'날아가는 코끼리' '죽음 이후의 천국' 등 전혀 경험하지
못했던 대상과 세상을 만들어낼 수 있습니다. 칸트는 이런
인간의 상상력이 자유로운 이성(생각하기)에서 비롯한다고
봤습니다. 그래서 그는 무엇이든 창조할 수 있는 이성이
자유로워야 한다고 주장합니다. 칸트 덕분에 자유로운 이성,
자유로운 의지는 현대인의 권리이자 태도가 되었죠.
그래서 숭고는 현대인의 이성, 즉 자유로운 생각, 상상력,
의지, 권리 등과 밀접한 관련이 있습니다.

칸트는 계몽주의 사상을 완성했다는 평가를 받습니다.
그가 완성한 계몽주의는 자유 개념에 근거합니다. 이 자유
개념은 역설적으로 낭만주의 사상의 씨앗이 되었습니다.
자유에 근거한 근대의 낭만주의 예술은 규칙성이 강조된
기존의 예술 형식을 부정했습니다. 엄격한 신성에 근거한
숭고가 자유로운 이성에 근거한 숭고로 바뀌고, 계몽적
자유가 낭만적 자유가 되면서 현대 예술에 숭고의 태도가
자리 잡게 된 것이죠.

칸트로 대표되는 독일의 관념론은 '경험을 근거로

아름다움의 관점들 ──────── 97

자유롭게 생각한다'는 주장입니다. 이 관념론은 19세기 낭만주의 사상의 뿌리가 됩니다. 낭만주의는 관례적인 태도와 구속을 비판하고, 자연스러움과 개인 의지를 강조하며, 주관적인 감성을 중시합니다. 르네상스로 부활한 그리스-로마 사상, 중세 기독교 사상, 근대 계몽사상이 서로 섞이고 성숙하면서 독일의 관념론을 낳았고, 이 관점이 낭만주의 미학으로 귀결된 셈입니다. 이후 유럽의 아름다움은 엄격한 이성에 바탕을 둔 고전주의, 그리고 자유로운 이성과 감성에 바탕을 둔 낭만주의로 구분됩니다.

이성에 바탕을 둔 고전주의가 감각적인 느낌을 강조한다면, 감성에 바탕을 둔 낭만주의는 대상에 대한 경건한 마음을 강조합니다. 고전주의가 겉으로 본 아름다움 이라면 낭만주의는 속에 들어 있는 아름다움입니다. 그리고 숭고미는 이 둘을 모두 포함합니다. 앞서 우리는 진·선·미를 말하면서 아름다움의 판단에서 표리 일치가 중요하다고 했습니다. 숭고미도 마찬가지입니다. 숭고미는 속으로 느끼는 아름다움만이 아닙니다. 겉으로 느끼는 아름다움과 속으로 느끼는 아름다움이 하나로 연결되어야 합니다. 여기에 아름다움을 느끼는 나조차 그 대상과 연결될 때 숭고함이 느껴집니다. 즉 아름다운 대상의 겉과 속,

아름다움을 인식하는 내가 하나의 전체로 느껴질 때 숭고적 아름다움을 느끼게 되죠.

숭고는 인식하는 나와 대상을 모두 포괄해야 하므로 대부분 거대하고 신비롭습니다. 그래서 숭고미를 수식하는 말은 대부분 거대하고 초월적인 존재를 암시합니다. 인간만이 아니라 모든 생명이 포함될 수 있도록 보편적이고 추상적인 개념을 아울러야 합니다. 감히 저항할 수 없는 느낌이나 소속감을 유발해야 하죠. 신, 영웅, 국가, 민족, 자연, 삶과 죽음 등이 바로 그런 대상입니다.

20세기 초 파시스트와 나치는 자신의 이념을 선전하고 대중을 선동할 목적으로 '아름다움'을 적극적으로 활용했습니다. 겉으로는 대칭과 비례의 고전주의 양식을 택하고, 엄청난 대중 동원을 통해 숭고의 아름다움도 재현했습니다. 고전의 아름다움과 숭고의 아름다움을 동시에 공략한 이들의 전략은 놀랍게도 성공적이었습니다. 사람들은 신격화한 영웅에 열광했습니다. 자유로운 이성이 버거워 영웅에 의지하고 싶었던 것일까요? 그래서 자유로부터 도피하고 싶었던 것일까요? 아니면 압도적인 신을 버린 초라한 인간 이성에 실망했기 때문일까요? 어쨌든 숭고함은 모든 논리와 가치를 휩쓸어버릴 만큼

아름다움의 관점들 ———— 99

1945년 8월 9일 나가사키의
원자폭탄 투하 때 올라온 핵구름 사진

100 ——————— 아름. 다움,

큰 힘을 갖추고 있습니다. 때로는 잔인합니다. 우리는
20세기 두 차례 세계대전을 치르면서 숭고적 아름다움이
발휘하는 잔혹한 힘을 경험했죠.

[강렬한 아름다움]

예술 부문에서 마지막으로 다룰 아름다움의 특징은
'강렬함'입니다. 20세기는 혼란 자체였습니다. 한편으로
과학과 기술이 엄청나게 발전했고, 다른 한편으로는
두 차례의 큰 전쟁이 있었습니다. '세계대전'이라 부르는
이 전쟁은 희생의 규모로 볼 때 이전에 일어났던 어떤
전쟁과도 비교할 수 없었습니다. 제2차 세계대전 중에만
1,500만 명이 사망했고, 3,450만 명이 부상했습니다.
수용소에 갇혔던 유대인 600만 명이 목숨을 잃었습니다.
전 인류가 처절한 비극을 경험했습니다. 모두가 절망에
빠진 상황에서 숭고의 아름다움으로서 전쟁을 운운할
사람은 아무도 없었죠.
    대량생산과 대량학살이 동시에 벌어졌다는 사실은
우리에게 시사하는 바가 큽니다. 엄청난 변화와 거대한
폭력으로 여러 문명이 사라지거나 융합되었습니다. 극단과
극단을 오가는 상황에서 사람들의 삶과 정신이 어떤

상태였을지 상상조차 하기 어렵습니다. 그래서 20세기에는 정신분석이 크게 유행합니다.

정신분석의 아버지는 프로이트(Sigmund Freud, 1856-1939)입니다. 프로이트는 인간의 무의식에 집중했습니다. 의식적인 이성이 지배하는 세상에서 새롭게 발견된 무의식은 정신분석만이 아니라 여러 분야에 영향을 끼쳤습니다. 심리학의 연구 대상이 되었고, 개인과 집단의 정신을 분석하는 도구로 활용되었습니다. 과학, 철학, 예술, 사회학 등 다양한 분야에 무의식 개념이 도입되었습니다.

전쟁은 문명과 이념을 내세워 엄청난 파괴를 저지릅니다. 전쟁에서 진 사람들은 급격한 변화를 겪었습니다. 전쟁에서 이긴 사람들은 자신이 저지른 끔찍한 만행을 후회했습니다. '왜 우리가 이렇게 되었는지' 알고자 했습니다. 과거를 성찰하고 반성하는 작업에 몰두했죠. 이 과정에서 미처 의식하지 못했던 심리적 기제, 무의식적 태도가 행동에 영향을 끼친다는 사실을 깨닫게 됩니다.

문명과 야만이 대립하고 문명으로 야만을 파괴하던 시절, 프로이트는 『문명 속의 불만(Das Unbehagen in der Kultur)』에서 문명의 부정적인 면을 언급합니다. 인간의 바탕은 동물입니다. 문명은 인간 내면에 잠재한 동물적인 야만성을 억압하고, 억압이 쌓일수록 야만성을 분출하려는 충동이 커집니다. 프로이트는 이 충동 때문에 사람들이 폭력적으로 행동한다고 생각했습니다. 이때 폭력을 대체하는 수단이 바로 예술입니다. 거친 폭력이 아닌 창조적 예술로 야만성을 다스릴 수 있다고 봤던 것입니다.

이제 예술 활동은 인간의 근원적 충동을 해소하는 수단이 되었습니다. 폭력적인 이미지를 담은 작품, 인간의 본능과 야만성을 드러낸 작품은 이런 프로이트의 주장의 타당성을 입증합니다. 사람들은 거칠고 폭력적인 작품을 보면서 예술가가 어린 시절 겪었던 고통과 비루한 삶에서 생긴 억압이 위대한 예술로 승화된 것이라 해석했습니다.

실제로 많은 예술가가 상식을 깨는 강렬한 작품으로 우리를 놀라게 했습니다. 처음에는 '인상파(impressionniste)' 라고 불리는 작가들이 그랬습니다. 그들은 소묘와 투시도법 등 기존 아카데미의 형식을 모두 부정하고, 주로 자신의 감각에 의존해 작품을 그렸죠. 이들은 과거의 양식을 그대로 답습하기보다는 자신의 주관적인 감각과 지각에 의지해 그림을 그려야 근대 사실주의와 이성적인 과학에 적합하다고 생각했습니다. 이는 당시 자유주의와 개인주의 등 사회적 통념에 얽매이지 않고 자신의 삶은 자기 스스로

 잠깐 빼먹음 - 수정

반 고흐의 「자화상(autoportrait)」, 1889

고갱의 「타티 여인들
(Femmes de Tahiti)」, 1891

──────── 아름. 다움,

만들어간다는 근대 이념의 태도와 유사합니다. 예술가로서 개인주의의 숭고함을 실천했다고 할까요.

후기 인상파를 대표하는 두 화가는 고흐(Vincent van Gogh, 1853-1890)와 고갱(Paul Gauguin, 1848-1903)입니다. 미술아카데미 교육을 받지 않았던 두 화가의 그리기 방식은 달랐습니다. 소묘에 의한 정교한 형태보다는 주관적인 관점을 과감한 색상으로 표현합니다. 그림의 소재와 대상에서도 기존 미술과 완전히 달랐습니다. 색상과 형태의 느낌이 강렬할수록 효과가 뛰어났습니다. 인상파의 뒤를 이은 많은 작가들이 더욱 강렬한 표현으로 나아갑니다. 일부 급진적인 미술가들은 이런 표현을 위해 자신의 삶을 극단적으로 몰아붙이고 기이한 행동을 했죠. 때론 죽음과 폭력을 찬양하며 사회적 물의를 일으킵니다. 강렬한 예술 작품을 위해 강렬한 삶을 지향했죠. 각종 이념이 난무하면서 전쟁 분위기가 팽배했던 당시 사회는 이들의 이런 반사회적 활동과 작품에 관대했습니다. 아니 때론 이들의 활동에서 어떤 영감을 받는다며 장려했죠. 프로이트가 말한 대로 문명의 억압이 예술 작품으로 승화된다고 믿었으니까요.

한때 현대 예술을 '아방가르드(avant-garde)'라고

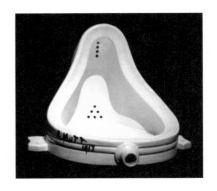

뒤샹의 「샘(Fontaine)」, 1917

뱅크시(Banksy)가 경매에서 낙찰된
그림을 파괴하는 장면, 2018

했습니다. 아방가르드는 군사용어입니다. 전투에서 최전선에 서 있는 전위대를 지칭하는 프랑스말입니다. 전쟁의 시대를 살아간 예술가들에게 잘 어울리는 표현이 아닐까 싶습니다. 아방가르드 예술가들은 형식과 내용 면에서 자유를 만끽했습니다. 회화나 조각 등 기존 예술의 형식조차 거부했습니다. 작품의 소재에도 제약이 없었죠. 어떤 규칙도 규정도 없었습니다. 완전한 자유를 획득한 것이죠. 뒤샹(Marcel Duchamp, 1887–1968)은 아예 '예술가'라는 직업조차 부정하고 체스 마스터로 살아갑니다. 물론 그가 작품활동을 그만둔 것은 아닙니다.

　　이 시대 예술사조를 '형식주의(Formalism)'라고 말합니다. 현대 예술의 형식주의는 앞서 아르놀트 하우저가 언급했던 형식주의와 다소 의미가 다릅니다. 하우저는 종교예술처럼 형식이 분명한 예술을 '형식주의'라고 말했지만, 현대 예술의 형식주의는 형식의 제약이 없어 새로운 형식이 계속해서 등장하는 경향을 말합니다.

　　현대 예술은 작품마다 형식이 다릅니다. 하나의 형식이 등장하면 이내 다른 형식이 등장해 기존의 형식을 부정합니다. 내용은 중요하지 않습니다. 형식 자체가 내용이니까요. 그래서 현대 예술은 도무지 종잡을 수 없고

이해하기 어렵죠. 현대 예술을 이해하려면 고전부터
현대까지 흐름과 맥락을 알아야 합니다.

자유와 창조를 강조하는 현대 예술은 엄격해지는
현대 문명의 형식에 맞서는 유일한 분야입니다. 그래서
예술가들은 도발적인 형식을 택해야 했는지도 모릅니다.
그래야 사람들의 이목을 끌 수 있으니까요. 현대 예술에
강렬함이 지속하면서 예술가들의 기행이나 기이한 작품에
대중은 익숙해졌습니다. 이젠 별로 놀라지도 않죠.
예술가들은 더 강렬하고 더 놀랍고 더 독특한 예술 작품을
만들어내는 데 골몰합니다. 예술가와 대중의 밀당은
지금까지 이어지고 있죠.

정리해보죠. 예술에서 아름다움의 기준은 19세기를
전후로 크게 달라집니다. 의미 있는 요소들이 점차
단순화되어 급기야 추상이 등장합니다. 예술가들은 느낌과
생각을 자유롭게 표현하려고 추상 요소를 적극적으로
사용합니다. 그런 이유로 기존 예술에서 통용되던
아름다움의 규칙과 형식이 모두 깨졌습니다.

고전 예술은 대칭과 비례를 강조했습니다. 반면에
현대 예술은 숭고를 강조합니다. 압도적인 웅장함과
연결성, 전체성으로 마음을 사로잡는 숭고한 아름다움은

기존의 모든 형식과 규칙을 벗어나고 깨뜨리는 강렬한 아름다움으로 이어집니다. 변화와 폭력이 난무하는 세상에서 강렬한 이미지만이 사람들은 이목을 집중시킬 수 있었으니까요. 마치 문명이 억압한 야만의 해방을 호소하듯이 말입니다.

아름다운
디자인

'현대 미술의 아버지'라 불리는 폴 세잔(Paul Cézanne,
1839-1906)은 부유한 집에서 태어나 대학에서 법학을
전공했습니다. 그는 보장된 미래를 포기하고 예술가의 삶을
선택합니다. 물론 예술가의 길은 쉽지 않았습니다. 하지만
덕분에 완전히 새로운 예술세계를 구축할 수 있었죠.

세잔의 그림은 고흐나 고갱의 그림과 달리 자신의
인상만을 표현하지 않았습니다. 세잔은 그림을 그리기 전에
먼저 자신이 그릴 대상들을 편집합니다. 정물화를 그리기
위해선 먼저 사과와 병 등 다양한 물건을 나름의 기준으로
구성하고, 그리는 대상들의 형태와 색을 분석합니다.
사과는 구, 병은 원통 등 사물의 근본적인 형태를 찾고,
면에서 밝고 어두움의 차이를 확인합니다. 그리는 대상들을
분해하고, 본질을 탐구하고, 그 결과를 바탕으로 대상을

편집해 표현했죠. 이런 세잔의 그림 그리기 방식은 전통을 고수하던 아카데미 방식과 달랐습니다. 그는 대상을 객관적으로 묘사한 것이 아니라 자신의 인상과 생각을 편집(editing)했습니다.

세잔의 그림은 많은 예술가에게 영향을 끼쳤습니다. 영향을 받은 예술가로 마티스(Matisse, 1869 – 1954)와 피카소를 꼽습니다. 이 둘은 세잔의 그리기 방식, 즉 구성과 편집을 자신의 작품에 반영합니다. 마티스는 색의 본질을 탐구했고, 피카소는 형태의 본질을 탐구했습니다. 자신이 탐구한 본질적 색과 형태를 편집하는 방식으로 작품을 구현했죠. 그래서 마티스의 그림을 보면 원색이 돋보이고, 피카소의 그림을 보면 형태가 돋보입니다. 색과 형태가 전체적인 대상에서 분리되고 하나의 요소로서 작동합니다. 이 요소들이 자유롭게 편집됨으로써 독특한 이미지를 만들어내죠.

마티스와 피카소의 그림을 보면 표현요소들이 단순해졌음을 알 수 있습니다. 구체적인 형태와 색으로 구성된 그림에는 구체적인 의미가 담겼습니다. 여기서 그림을 점점 단순화하면 그 의미가 보편적으로 확대되죠. 또 그림이 단순해질수록 작가가 어떤 점을 강조했는지

아름다움의 관점들 ——————— 111

—————— 아름. 다움,

의도를 쉽게 읽을 수 있습니다. 가령 뭉크(Edvard Munch, 1863-1944)의 「절규(Skrik)」를 보면 사람의 얼굴을 단순화함으로써 불안을 표현했음을 알 수 있죠. 이렇게 단순화를 통해 특정한 의미가 부각하는 현상을 보편화라고 합니다. 보편성을 강조하려고 단순화를 거듭하다 보면 언젠가 모든 의미가 완전히 사라지게 됩니다. 구상화가 추상화로 변하죠. 이런 실험을 계속한 예술가가 바로 우리가 잘 아는 몬드리안입니다.

　　몬드리안은 그리려는 대상을 계속해서 단순화함으로써 추상 세계를 발견했습니다. 다만 여전히 소묘 형식을 포기하지는 않았습니다. 몬드리안의 그림에서 검은 선은 기존의 소묘 선이 직선으로 단순화한 것입니다. 이 소묘 선을 제거한 작가는 러시아의 말레비치였습니다. 그는 몬드리안이 만들어낸 추상적 형태를 소묘에서 해방해서 자유롭게 움직일 수 있게 배치했습니다. 그러다 결국 모든 색과 형태를 검은 사각형에 담아냈습니다. 그리고 검은색마저 지우고 흰 사각형을 그렸습니다. 현대 미술에서 '추상'이라는 네모 요소, 디지털 이미지 세상에서 가장 기초적인 형태인 '픽셀'이라는 점이 탄생한 순간입니다. 이를 미술사에서는 '절대주의(Suprematism)'라고 말합니다.

아름다움의 관점들 ─────── 113

피카소의 「아비뇽의 여인들」, 1907

뭉크의 「절규」, 1893

114 ──────────── 아름. 다움,

그렇게 미술이 선에서 점으로 바뀌었습니다.

1919년 독일 혁명이 마무리되고 바이마르 공화국이 들어섭니다. 바이마르 정부는 미술과 공예 교육을 통합한 '바우하우스(Bauhaus, 1919–1933)'라는 학교를 설립합니다. 이 학교에는 당시 유명한 예술가들이 교사로 참여했습니다. 칸딘스키(Василий Кандинский, 1866–1944)도 이들 중 한 명이었죠. 칸딘스키는 이미 유명한 예술가였습니다. 그 또한 추상을 추구했죠. 다만 그의 추상은 앞선 몬드리안의 추상과 완전히 달랐습니다. 몬드리안이 대상을 단순화함으로써 추상에 이르렀다면, 칸딘스키는 이미 의미가 완전히 사라진 추상에 새로운 의미를 부여합니다. 마치 음표를 만들 듯이 각각의 추상적인 형태에 각각의 소리를 부여하기도 합니다. 그리고 악보를 그리듯 그림을 구성합니다. 음표는 추상적 형태입니다. 그 자체로는 어떤 의미가 없고 약속된 소리 느낌만을 담고 있죠. 작곡가는 의미가 없고 소리 느낌만 있는 이 요소들을 조합해 음악을 작곡하고 기록합니다. 칸딘스키는 음악에서 추상 요소의 활용 가능성을 찾았습니다. 추상 요소에 어떤 소리나 의미를 부여하고, 그 요소들을 조합해 자신이 말하고자 하는 것을 표현하려고 했죠. 이 원리는 점·선·면 등 추상적인 형태로

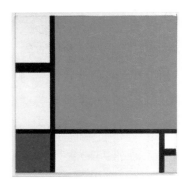

몬드리안의 '빨간색 파란색 및
노란색의 구성 II', 1930

말레비치의 절대주의 구성, 1916

116 ——————————— 아름. 다움,

구성된 소리 문자 '한글'과 유사합니다.

바우하우스의 교사였던 모홀리 나기(László Moholy-Nagy, 1895-1946) 또한 칸딘스키처럼 추상적인 요소를 편집하는 작업을 했습니다. 다만 그는 추상 요소만이 아니라 의미가 담긴 요소도 활용했습니다. 다만 과거 고전 예술처럼 소묘로 그려진 요소가 아니라 새로운 기술인 사진을 활용합니다. 사진은 그 자체로 이미 완벽한 구상을 갖춘 의미 요소이니까요. 이렇게 구성된 그림을 '포토그램(photogram)'이라고 말합니다.

모홀리 나기는 학생들과 함께 다양한 공방을 운영했습니다. 그는 기능에 가장 적합하면서도 산업생산에 가장 효율적인 형태를 찾습니다. 이를 디자인에서는 '프로토타입(prototype)'이라고 말하죠. 이때 '타입(type)'은 인쇄용어이기도 합니다. 글을 대량 생산하기 위해 만든 활자를 뜻합니다. 이 타입이 산업 전반에 적용된 말이 바로 프로토타입입니다. 프로토타입은 대량생산을 위한 계획입니다. 그러려면, 의자의 원형, 주전자의 원형 등 일상생활에 쓰이는 물건의 원형을 파악해야 합니다. 또한, 이 원형은 어떤 형식이나 장식에 구속되지 않은 상태, 기능이 순수하게 드러난 단순하고 추상적인 형태여야

아름. 다움,

합니다. 그래야 어떤 상황에서도 기능을 극대화할 수 있고, 효율적인 대량 생산도 가능해집니다. 이들의 이런 접근은 바우하우스만의 독특한 양식을 만들어냈습니다.

칸딘스키와 모홀로 나기의 그림, 바우하우스의 프로토타입은 모두 실험입니다. 최적화된 형식을 찾는 실험이죠. 현대 미술은 추상 요소를 도입함으로써 기존 고전 예술의 속박에서 벗어납니다. 이들은 모든 예술 형식과 분야, 직업까지 해체하면서 자유로운 실험을 거듭했죠. 반면에 같은 추상 요소를 도입한 바우하우스의 교사와 학생들은 현대 예술가들과 다른 길을 갑니다. 그들은 과거 형식을 부정했지만, 형식성은 필요하다고 생각했습니다. 그래서 추상 요소를 활용해 새로운 세계에 걸맞은 형식을 찾았던 것이죠.

이때 새로운 형식 실험의 기준으로 기능(funtion) 개념이 등장했습니다. 현대 예술이 자유를 중시했다면, 현대 디자인은 기능을 중시했습니다. 현대 예술가들이 추상 요소로 자유로운 형식 실험을 통해 숭고함과 강렬함을 표현했고, 현대 디자이너들은 기능에 적합한 형태 실험을 했습니다. 그렇게 형식과 기능에 대한 해석과 가치판단 차이가 현대 예술과 현대 디자인의 경계가 되었습니다.

———————————— 아름. 다움,

현대 디자인의 미학을 '기능주의(Functionalism)'라
말합니다. 기능주의 디자인은 형식주의 예술과 함께 현대를
대표하는 미적 활동입니다. 실제로 형식과 기능은 모두
중요합니다. 모든 사물에 겉과 속이 있듯이, 모든 작품과
결과물에는 형식과 기능이 공존합니다. 다만 어느 쪽을
강조하느냐에 따라 관점이 달라질 뿐입니다. 형식을 중시할
때 기능적 쓰임새보다는 감각적 자극에 더 집중합니다.
반면에 기능을 강조하면 당연히 감각적 자극보다는 실용적
유용성을 중요시합니다. 형식과 기능은 상호보완 관계에
있지만, 어느 한쪽을 극단적으로 강조하면 오히려
상호배척하는 관계가 됩니다. 그래서 현대 예술은 기능
변화를 포기하고 극단적인 형식 변화를 추구합니다. 반면에
현대 디자인은 극단적인 형식 변화를 포기하고 다양한
방식으로 적절한 기능 변화를 추구합니다. 그래서 디자인은
특정 형식으로 귀결되는 경향이 있습니다.

　　형식과 기능의 갈등은 아주 오래전부터 있었습니다.
2,500년 전 중국의 노자(老子)는 있음과 없음에 관해 쓸모를
논했습니다. "흙을 빚어 그릇을 만들 때, 당연히 비움이
있어야 그릇의 쓸모가 생긴다(埏埴以爲器, 當其無有器之用)."

라며 "그러므로 있음으로써 이로움이 있는 것은 없음으로써 쓸모가 있기 때문이다(故有之以爲利 無之以爲用)."라고 말합니다. 여기서 '있음(有)'은 형식 혹은 형태이고, '없음(無)'은 기능적 목적이겠죠. 비슷한 시기 서양에서도 소크라테스가 "아름다움은 비례에 있지 않고 물체와 그 물체의 목적, 본질 간의 상응성에 있다."라고 말했습니다. 노자와 소크라테스 모두 형식보다는 목적과 기능을 강조했죠. 이런 관점은 20세기 초 건축가 루이 설리번 (Louis Sullivan, 1856-1924)이 말한 "형태는 언제나 기능을 따른다(Form ever follows Function)."라는 주장과 비슷합니다.

2,500년 전 동서양에서는 모두 형식보다 기능을 더 중시했음은 틀림없습니다만, 미묘한 차이가 있습니다. 서양에서는 기능에 분명한 결과를 전제하지만, 동양에서는 기능을 과정의 관점에서 바라보는 측면이 있는 것 같습니다. 서양은 개별성과 요소성을 강조하고, 동양은 전체성과 속성을 강조하기 때문이죠. 동양사람들은 전체를 요소로 분리하더라도 별개의 것으로 보지 않고 요소들의 순환을 강조합니다. 그래서 결과 또한 과정의 일부가 되죠.

노자와 소크라테스의 주장은 제자들에 의해 다소

굴절됩니다. 소크라테스의 제자였던 플라톤은 요소들 각각의 기능을 강조하면서 이를 포괄하는 형식적 이데아(idea)를 강조했습니다. 다양한 요소와 기능을 연결하는 완벽한 형식이 있다고 믿었죠. 중국 문명에서는 엄격한 과정의 법칙과 이치를 강조하는 사람들이 등장합니다. 기능이 이데아 혹은 법과 같은 형식으로 귀결된 것이죠.

동서양 문명은 서로 영향을 주고받으며 그 나름의 방식대로 전개되었습니다만. 지난 100년 동안 대혁명과 전쟁, 산업혁명, 자본주의 등 큰 변화를 거치며 동서양 문명은 하나의 문명으로 수렴됩니다. 동서양의 경계는 희미해졌고, 구분에도 의미가 사라졌습니다. 근대는 서양 강대국이 오랜 세월 압도적이었던 동양문명을 제압하고 동쪽으로 점점 세력을 확대하면서 서양문명을 전파한 서세동점(西勢東漸)의 시대였습니다. 그래서 아직도 세계의 문명은 동양보다 서양이 주도하는 상태에 머물러 있습니다.

서양이 이토록 강대해진 이유는 서양 사람들이 학습자로서 개방적 태도를 보인 덕분입니다. 고대부터 서양문명은 동양문명과 비교할 때 뒤처진 상태에 놓여 있었습니다. 1300년대 몽골제국의 침략으로 동양문명에 눈을 뜬 서양 사람들은 개방적인 태도를 보이게 되었습니다.

아름다움의 관점들 ─────── 123

——————————— 아름. 다움,

그리고 15－16세기 강대해진 이슬람 제국이 전파한 문명을 통해 자신의 토대 중 하나인 그리스 문명을 재발견합니다. 천 년을 유지해온 동로마제국의 멸망하면서 그곳 학자들은 이슬람을 피해 이탈리아로 이주합니다. 이 과정에서 고대 그리스와 로마의 고전들이 유럽에 본격적으로 유입되죠. 고대의 고전들이 새롭게 번역되면서 르네상스가 시작된 것이죠. 흑사병과 종교 갈등에 시달리던 유럽사람들은 고대 그리스와 로마의 이성적이고 기능적인 태도에서 새로운 시대를 대표할 가치를 찾았습니다.

새로운 문명과 문화의 발견에도 적극적이었습니다. 대항해가 시작되면서 유럽사람들은 다양한 문명을 찾아 다닙니다. 매력적인 문명과 문화는 적극적으로 수용하죠. 17－18세기에는 중국 문명이 인기였습니다. 18세기 중반 프랑스와 영국에서는 시누아즈리(Chinoiserie), 우리말로 중국풍이 유행했습니다. 중국 청자가 부르주아 계층에 인기를 끌었고, 정원 꾸미기도 자연스러운 중국풍이 유행합니다. 회화에서는 '수채화'라는 새로운 기법도 등장하죠. 유럽사람들은 스타일만이 아니라 정치, 경제, 사회 등 모든 영역에서 중국 문명을 학습합니다. 이런 열정적인 학습으로 유럽 문명은 약 500년 동안 엄청난 속도로 변화하고 발전했습니다. 19세기 중반 유럽은 전 세계를 주도하는 힘을 갖추게 되었죠.

　　그러나 무엇보다도 유럽을 강력하게 만든 힘은 바로 과학이었습니다. 과학기술로 산업혁명이 일어났습니다. 이 역사적 사건을 계기로 '자본가'와 '노동자'라는 새로운 계급이 태어났고, 자본가는 당시 상류층이었던 귀족과 성직자의 자리를 차지했습니다. 대표적인 사건이 프랑스 대혁명입니다. 산업혁명과 대혁명으로 유럽의 형식성은 급격히 무너집니다.

　　본래 유럽의 귀족과 성직자에게는 자신의 계급을 대변하는 형식이 있었습니다. 의복과 생활양식 등 엄격한 형식을 통해 피지배 계급과 자신을 구별했죠. 새로운 지배 계급이 된 혁명적 자본가들은 이런 구별 형식을 배척하고 폐기했습니다. 심지어 형식을 드러내는 장식을 '범죄'로 규정합니다. 그렇게 형식을 부정하고 기능을 강조하게 되었습니다.

　　고전 예술을 계승하던 미술 아카데미도 도마 위에 올랐습니다. 미술 아카데미는 귀족과 성직자의 형식에 의존해왔으니까요. 당연히 고전 예술의 규칙인 모방론, 대칭과 비례 같은 아름다움의 기준도 비판을 피할 수 없었습니다. 그리고 기존의 예술 형식을 고수한 아카데미 출신 예술가보다 형식을 파괴하고 자기가 받은 인상을 그대로 표현한 아마추어 예술가들이 더 주목받았습니다.

혁명의 중심지 프랑스에서는 미술 공모전의 낙선작들을 모아 전시했습니다. 언론과 대중은 당선작보다 낙선작에 관심이 더 많았죠. 그렇게 인상파가 등장했습니다. 인상파 예술가들은 고전 미술의 소묘와 투시도법을 무시하고 자유로운 표현을 시도합니다. 이 시도는 입체파, 야수파, 미래파 등 다양한 분리파(Secession) 예술운동으로 이어집니다. 여기서 '분리'란 과거와의 단절을 의미합니다. 이를 포괄해 '예술표현주의운동(Expressionism)'이라고 말합니다.

예술가가 생활에 이바지하는 공예가로 돌아가야 한다는 운동도 일어납니다. 이를 '미술공예운동(Art and Craft movement)'이라고 합니다. 예술가는 순수를 추구하며 귀족처럼 타락할 것이 아니라 중세 공예가처럼 사람들의 삶에 도움이 되어야 한다는 취지입니다. 미술공예운동을 주도한 사람은 윌리엄 모리스(William Morris, 1834-1896) 입니다. 그는 유명한 시인이자 사업가, 정치가 등 다양한 신분으로 활동했습니다. 무엇보다도 그는 노동운동을

독일 데사우의
바우하우스 건물 사진

———————————————— 아름. 다움,

열심히 한 마르크스주의자였으며, 모리스는 노동이 고통이 아닌 즐거움이 되려면 예술의 역할이 중요하다고 생각했습니다. 그래서 모든 사람이 예술적인 공예가로 거듭나기를 바랐습니다. 그가 모범으로 삼은 집단노동 형태는 중세 길드였습니다. 길드 같은 공예가들의 공동체가 세상을 아름답게 만드는 조직이라고 생각했던 것이죠. 모리스의 미술공예운동은 마르크스 이념에 힘입어 전 유럽에 영향을 끼쳤습니다.

바우하우스는 바로 이런 미술공예운동을 계승한 학교였습니다. 초기 바우하우스는 모리스의 뜻에 따라 길드를 추구했습니다. 공방 교육을 중심으로 근대적 대성당을 짓겠다는 목표를 세웠죠. 교육 체계에도 길드 방식을 도입했습니다. 교사를 '마스터'라 불렀고, 학생은 도제였습니다. 졸업하면 직공 자격을 인정받았죠. 흥미로운 점은 초기 바우하우스 설립에 주도한 사람들은 대부분 순수예술 활동을 하던 분리파 표현주의자였습니다. 이들은 마르크스 이념을 중심으로 모였을 뿐입니다. 길드를 추구하기보다는 새로운 예술, 새로운 형식을 추구하던 사람들이 바우하우스로 모여들었던 것이죠.

디자인은 윌리엄 모리스 이념을 바탕으로, 바우하우스

실험을 발판으로 삼아 발달한 현대의 미적 활동입니다.
'디자인(design)'이라는 말은 이탈리아어 디세뇨(disegno)와
데생(dessin)에서 유래한 말입니다. 15세기 미술이론가
란칠로티(Francesco Lancilotti, 1472 - ?)는 그의 저서
『회화 개론(*Trattato di pittura*)』에서 화가가 어떤 그림을
그릴지 마음속으로 계획을 세우는 밑그림 뜻하는 말로
'디세뇨(disegno)' 라는 표현을 사용했습니다. 다시 말해
'머리로 하는 작업'을 의미했던 거죠. 사실 이 말은 라틴어
Designare에서 비롯했습니다. 이 말의 짜임은 de＋signare로
de는 저항하다, 분리하다, 바꾸다 등의 뜻이 있고, signare는
현재의 sign과 같은 기호와 상징을 의미합니다. 그래서
이 둘을 합친 de＋sign은 기호를 바꾸는 행위입니다.
쉽게 말해 생각하는 활동이죠.

　　16세기 화가이자 미술사가였던 조르조 바사리(Giorgio
Vasari, 1511-1574)는 이 말을 바탕으로 예술교육의
중심을 길드에서 아카데미로 옮기는 운동을 전개했습니다.
이 운동이 성공하면서 근대 예술 아카데미들이 세워졌고,
길드 교육을 대체했습니다. 이후 몇백 년 동안 예술가들은
아카데미 교육을 기반으로 활동합니다. 하지만 19세기
유럽에서 혁명이 일어나고 귀족이 몰락하면서 아카데미도

지배력을 잃기 시작합니다. 시대에 맞는 새로운 교육기관이 필요해졌죠.

영국의 정부 관료였던 헨리 콜(Henry Cole, 1808-1882)은 대영제국을 홍보하는 대영박람회(The Great Exhibition, 1851)를 기획하고 진행하면서 월간지 『디자인과 제작 저널(Journal of Design and Manufacture)』을 발간합니다. 산업 측면에서 디자인을 강조하기 시작했죠. 박람회를 마치고 산업 디자인의 중요성을 깨달은 영국 정부는 디자인 교육기관을 설립합니다. 영국에 파견 나와 있던 유럽의 관료들은 이런 흐름을 파악하고 자국에도 디자인 교육기관 설립을 독려합니다. 독일 바우하우스는 이런 흐름에서 설립되었습니다.

왜 머리로 하는 활동이 중요해졌을까요? 대량생산 때문입니다. 과거에는 수요에 맞춰 상품을 생산했습니다. 하지만 산업혁명으로 공장식 생산방식이 등장하면서 상품을 대량 생산할 수 있는 여건이 갖춰졌죠. 그런데 상품을 대량으로 생산하려면 반드시 대량 판매가 보장되어야 합니다. 생산이 수요자 관점이 아니라 공급자 관점에서 이뤄지게 된 것이죠. 물건을 대량으로 팔려면 먼저 어떤 것을 생산할지 계획을 세워야 합니다. 이때 계획을

영국 대영박람회(1851) 수정궁 전경

영국 대영박람회 수정궁 내부를 묘사한 그림

─────────── 아름. 다움,

잘못 세우면 큰 손해를 보게 됩니다. 자본가와 노동자 모두 낭패를 보겠죠. 그래서 손으로 하는 작업에 앞서 머리로 하는 작업, 즉 디자인이 매우 중요한 활동이 되었습니다.

또한 상품을 공장 기계로 생산하면서 규격화가 필요해졌습니다. 규격을 표준화해서 생산의 규칙을 만드는 활동은 독일에서 가장 활발하게 일어납니다. 당연히 바우하우스도 직접 그 영향을 받았죠. 바우하우스의 디자인 이념도 기능주의입니다. 기능주의란 과도한 장식을 배제하고 생산과 소비 면에서 효율성을 중시하는 태도라고 말씀드렸습니다. 바우하우스는 생활용품, 글자, 건축 등 우리 삶 곳곳에서 사용되는 사물과 소통의 표준 형식을 찾았습니다.

1919년에 설립된 바우하우스는 1933년 나치가 강제로 문을 닫게 할 때까지 실험적인 예술교육의 본산이자 상품의 규격과 표준을 확립하는 기관이었습니다. 아이러니하게도 바우하우스의 실험은 독일보다 미국에 더 큰 영향을 끼쳤습니다. 당시 대량생산과 대량소비가 동시에 가능한 국가는 전 세계에서 미국뿐이었기 때문입니다.

미국의 디자인을 말할 때 테일러(Frederick Taylor, 1856-1915)와 포드(Henry Ford, 1863-1947)를 빼놓을

아름다움의 관점들 ———————

수 없습니다. 이들은 바우하우스가 고안한 규격화·표준화를
현실에 적용한 개척자들입니다. 테일러는 효율적인
작업방식을 개발했고, 포드는 규격화된 생산라인을
도입했습니다. 그 덕분에 엄청난 대량생산을 실현할 수
있었습니다. 기능주의 디자인으로 산업혁명의 엔진이
제대로 가동되기 시작한 것입니다. 이 생산방식은
유럽과 러시아에 역수출되었고, 전 세계가 동참했습니다.
대량생산이 대량소비로 이어지면서 경쟁이 치열해졌습니다.
생산과 기능에 적합하고, 소비자에게 매력적인
프로토타입을 계획하는 디자인 개념이 중요해졌죠.
더불어 '산업디자이너'라는 직업도 생겨났습니다.

[아름다움을 담는 그릇]

백화점에 가면 여러 종류의 그릇이 있습니다. 어떤 그릇은
던져도 깨지지 않을 정도로 튼튼해서 매우 실용적이고,
또 어떤 그릇은 아주 예뻐서 무엇을 담기가 아까울
정도입니다. 어떤 사람은 쓸모를 중시해서 실용적인 그릇을
찾고, 또 어떤 사람은 마음을 흡족하게 해주는 예쁜
그릇을 찾습니다. 취향과 상황에 따라 선택이 달라지겠죠.
    그릇이 무언가를 담듯이 디자인도 기능을 담는

아름다움의 관점들 —————— 135

아름다움의 형식입니다. 과거에는 특정한 형식이 특정한 기능과 연관되어 있었습니다. 가령 소주잔은 그 형태와 기능이 분명하게 연결되어 있죠. 하지만 형태가 극단적으로 단순화된 추상 요소가 등장하면서 특정 형태와 특정 기능의 연결 기준이 모호해집니다. 머그컵은 소주잔과 달리 술만이 아니라 다양한 액체와 음료, 심지어 문구류를 담을 수 있습니다. 머그컵의 형태는 소주잔보다 훨씬 많은 기능을 발휘할 수 있죠.

이처럼 형태가 추상화될수록 기능이 다양해집니다. 기능이 다양하면 당연히 형태도 단순화되어야겠죠. '다양한 기능'을 이미지로 바꾸면 '다양한 해석'이라 말할 수 있습니다. 형태가 단순해지면 기능이 다양해지듯, 이미지가 단순하면 해석도 다양해집니다. 추상화되면 어떤 해석도 가능해지겠죠. 마치 칸딘스키가 추상적 형태에 자기 마음대로 의미를 부여했던 것처럼 말입니다.

이 원리를 생각하면 그릇을 어떻게 디자인하면 좋을지 계획을 세울 수 있습니다. 형태가 복잡하고 멋진 무늬가 그려졌으면 그릇의 기능은 축소됩니다. 반대로 아주 단순한 그릇은 기능이 다양하지만 고급스럽다거나 멋지다는 생각이 들지는 않겠죠. 디자이너는 기능을 기준으로 복잡한 그릇을 만들지, 단순한 그릇을 만들지 결정해야 합니다. 복잡과 단순의 극단 사이에는 여러 선택지가 있습니다. 백화점에 가면 형태와 무늬가 다양한 그릇이 있습니다. 화려한 것도 있고 극도로 단순한 것도 있죠.

　불과 100년 전 조선 시대에만 해도 요즘처럼 그릇이 다양하지 않았습니다. 물자가 부족했던 탓으로 사람들은 주로 막사발을 사용했습니다. 여러 용도로 쓸 수 있으니까요. 이런 조선의 그릇을 재발견하고 경탄하고 찬양한 사람이 있었습니다. 바로 일본 민예연구가였던 야나기 무네요시(柳宗悅, 1889-1961)입니다. 이 사람은 종교철학을 공부했습니다. 한때 톨스토이에 심취했기도 했고요. 야나기는 식민지 조선을 방문하고 조선의 그릇 문화에 푹 빠졌습니다. 그가 관심을 두고 극찬했던 것은 화려하고 고급스러운 공예품이 아니라 어디서나 흔하게 볼 수 있는 소박한 막사발이었습니다.

　우리 선조들은 막사발에 밥과 국, 술 등 담을 수 있는 모든 것을 담았습니다. 요즘 말로 하자면 '다기능(multi-function)'이라고 할까요. 막사발은 완성도도 모자라고 마감도 매끈하지 않습니다. 손으로 빚어 만드니 똑같은 것이 하나도 없습니다. 규격과 표준이 없죠. 기능도 애매합니다.

조금 큰 것은 밥그릇이나 국그릇으로 쓰고, 작은 것은 반찬 그릇으로 씁니다. 때로는 찻잔으로 쓰기도 합니다.

　　야나기는 막사발이 특정 형식에 구속되지 않는다는 점에서 가장 자연스러운 형태로 여겼습니다. 당시 일본에서는 막사발이 찻잔으로 흔히 쓰였습니다. 차 맛을 해치지 않는다는 이유로 인기가 좋았죠. 막사발 디자인은 형식을 드러내지 않음으로써 막강한 기능을 발휘하는 좋은 사례입니다. 게다가 튼튼합니다. 깨져도 별로 개의치 않습니다. 언제 어디서나 구할 수 있으니까요. 야나기는 이런 아름다움을 '수수함', '건강성', '평상성'이라고 불렀습니다.

　　그는 민중의 공예를 '민예(民藝)'라고 부릅니다. 민예품은 그 시대를 살아간 사람들의 일상적인 아름다움을 담고 있죠. 일상이 아름다우면 사람들은 아름다움을 의식하지 않게 됩니다. 우리는 민예품을 통해 그 시대와 그 나라의 아름다움을 살필 수 있습니다. 야나기는 일상이 가장 아름다웠던 시대로 중국 송나라와 조선을 꼽습니다. 일본의 공예는 이 시대를 모범으로 삼아야 한다고 주장했죠.

　　야나기의 민예 사상은 일본 디자인에 큰 영향을 끼쳤습니다. 얼마 전 한일관계가 나빠지면서 제품이

불매운동의 대상이 되기도 했던 '무인양품(無印良品)'
이라는 일본 브랜드를 아시죠? 무인양품은 일본 중소기업의
품질 좋은 제품을 모아 아름답게 디자인한 프로젝트로
시작했습니다. 이 브랜드가 오늘날에 이르기까지 일본의
여러 디자이너가 역할을 했습니다. 이 프로젝트를 진행한
디자이너들이 야나기의 유업인 민예관 관장을 맡기도
했습니다.

　　일본의 유명 디자이너들은 이구동성으로 일본 디자인의
뿌리로 야나기의 민예 사상을 강조합니다. 이 디자인
철학을 일본말 '와비(わび, 侘)' 혹은 '사비(さび, 寂)'라고
요약할 수 있습니다. 우리말로 와비는 덜 완벽하고 단순하며
본질적인 것을 뜻하고, 사비는 오래되고 낡은 것을
뜻합니다. 뭔가 부족해 보이지만 깊이가 있는, 이것이
일본 디자인의 기능주의입니다.

　　우리는 지금까지 디자인의 아름다움인 기능을
살펴봤습니다. 디자인의 미학을 말할 때 여전히 많은 분이
기능주의를 떠올립니다. 야나기의 민예 사상도 일본의
기능주의라 말할 수 있습니다. 일본에 무인양품이 있고
미국에 애플이 있듯이, 민예 사상과 바우하우스가 현대
디자인을 대표하는 기능주의 아름다움이 아닐까 싶습니다.

아름다움의 관점들 ——————

지난 150년 디자인 역사를 돌이켜보면 전 세계에서 전 방위적으로 맹위를 떨친 디자인의 미학은 기능주의가 유일한 것 같습니다.

21세에는 기능주의를 벗어난 디자인도 많아졌습니다. 이를 '포스트모던 디자인'이라고 합니다. 포스트모던 디자인은 이미 기존 모더니즘 디자인 규칙들을 부정합니다. 모더니즘 디자인이 '단순함'이라는 특정 형식으로 고착되면서 '형태는 기능을 따른다'는 기능주의 명제에 어긋났다고 보는 것이죠. 그래서 포스트모더니즘 디자인은 유연한 형식을 강조합니다. 포스트모던 디자인에서는 고정된 형식이 없습니다. 디자이너의 의도나 기능에 따라 언제든지 형식이 달라질 수 있습니다. 포스트모던 디자인은 아방가르드 예술과 모더니즘 디자인 사이 어딘가에 있을 것입니다.

아름. 다움,

아름다운
자연

[과학적 성과들]

"『인간의 위대한 스승들』이라는 책에는 평생 아프리카에서
자연을 연구한 어느 동물학자의 이야기가 실려 있다.
어느 날 그는 아프리카 하늘을 온통 붉게 물들이며
스러져가는 석양을 지켜보고 있었다. 그때 숲속에서 홀연
파파야 한 묶음을 들고 침팬지 한 마리가 나타났다.
지는 해를 발견한 그 침팬지는 쥐고 있던 파파야를 슬그머니
내려놓더니 시시각각으로 변하는 노을을 15분 동안이나
물끄러미 바라보다가 해가 완전히 사라지자 터덜터덜
숲으로 돌아갔다고 한다. 땅에 내려놓은 파파야는 까맣게
잊은 채."(「감히, 아름다움 : 아름다움의 객관화를
시도하다」 최재천)

진화론에 관한 책을 읽다 보면 새들이 둥지를
장식하거나 암컷을 유혹하려고 아름다움을 전략적으로

아름다움의 관점들 ———— 143

이용하는 사례가 심심치 않게 등장합니다. 이런 사례를 읽다 보면 '아름다움을 느끼는 것은 사람만이 아니구나' 하는 생각이 듭니다. 그러나 사람과 동물들이 느끼는 아름다움은 다소 다릅니다. 사람은 생각할 수 있는 독특한 존재입니다. 생각한다는 것은 나를 둘, '나'와 '나'로 구분할 수 있다는 것입니다. 이는 '자신을 객관화할 수 있다', 다시 말해 자신을 객관화해서 성찰할 능력이 있다는 뜻이죠. 동물은 감각과 지각을 통해 '나'와 '대상'을 구분할 수는 있지만, '나'와 '나'를 구분할 수는 없습니다. 구분해도 아주 낮은 수준의 구분만 가능하죠.

동물은 감각에 속박되어 갈아가지만, 생각하는 인간은 다소 자유로운 삶을 살아갑니다. 주체에 대한 인식이 있기 때문입니다. 사람은 말을 할 때 어떤 주어(주체)를 선택할지 결정함으로써 목적과 행동을 통제할 수 있습니다. 가령 배고픈 사자는 맛있는 고기를 보면 바로 먹습니다. 하지만 사람은 맛있는 음식을 봐도 참을 수 있습니다.

사람은 말이 있기에 감각과 지각을 넘어 생각할 수 있습니다. 사람은 어떤 대상이나 경험을 말로 전환할 수 있습니다. 사람은 코가 긴 동물을 보고 '코끼리(코길이)' 라고 이름을 짓죠. 나아가 식물이나 동물처럼 여러 대상을 아우르는 보편적인 말도 만들 수 있습니다. 때론 추상적인 말을 만들어 여러 의미를 부여할 수도 있습니다. '사랑' '우주' '인생'이라는 말은 다양한 경험이 축적된 추상적인 말입니다. 추상적인 말은 은유를 통해 자유롭게 의미가 부여됩니다. '인생은 마라톤' 혹은 '인생은 전쟁터'처럼요. '인생'이라는 말은 추상적이어서 마라톤도 되고 전쟁터도 될 수 있습니다.

사람은 생각을 통해 느낌과 의미를 담은 말, 보편적 말, 추상적 말을 조합할 수 있습니다. 주어, 동사, 목적어 등 다양한 품사를 배열함으로써 생각하고 소통할 수 있죠. 사람의 말에는 주어가 있기에 나와 나 자신을 분리해서 생각할 수 있습니다. 게다가 사람의 과거와 현재, 미래를 구분할 수 있습니다. 아주 먼 과거에서부터 현재까지의 변화를 파악할 수 있고, 이를 바탕삼아 먼 미래를 꿈꾸고 계획할 수 있죠. 심지어 죽음 이후의 미래까지도 말입니다.

어쩌면 말과 생각 덕분에 '예술'과 '디자인'이라는 독특한 분야가 있는지도 모릅니다. '예술(art)'이라는 말의 바탕뜻은 아레테(ἀρετή), 곧 '탁월함'이고, '디자인(design)' 이라는 말의 바탕뜻은 앞서 살펴봤듯이 '기호(sign)를 조작(de)한다'입니다. 사람은 탁월한 능력과 기호 조작을 통해 시공간을 조작합니다. 고대인들은 어떤 대상을 모방하고 그 모방에 의미를 부여하는 방식으로 시공간을 조작했습니다. 반면에 현대인들은 추상 요소를 발견함으로써 시공간 조작에서 훨씬 더 큰 자율성을 획득했습니다. 감각적 대상에 속박되지 않고 마음껏 생각할 수 있게 되었죠.

숭고와 기능의 아름다움은 '대칭'이나 '비례'라는 형식과 달리 아주 유연한 아름다움입니다. 아름다움을 느끼는 주체와 아름다운 대상과의 하나 됨과 어울림이라는 관점에서는 모든 동물이 숭고와 기능의 아름다움을 느낄 수 있습니다. 기능도 마찬가지입니다. 아름다움에서 '기능'이라는 관점은 사실 19세기 다윈의 진화론에 근거해서 폭발적인 인기를 얻었습니다. 심지어 루이 설리번이 말한 '형태는 기능을 따른다'라는 주장은 진화론에 근거합니다. 「장식은 범죄다」라는 칼럼으로 유명한 아돌프 로스(Adolf Loos, 1870-1933)도 칼럼 곳곳에서 진화론을 언급합니다. 그러나 하나 됨과 진화론의 관점에서 숭고와 기능은 감각과 지각에 한정됩니다. 생각 차원에서 숭고와 기능과는 상당히 다르죠.

감각과 지각에 의지한 아름다움은 대칭과 비례처럼

적절함이 있습니다. 반면에 숭고와 기능의 아름다움은 엄청나게 다양합니다. 맥락과 관점에 따라 적절함이 계속 변화하죠. 사람의 경우는 더욱 그렇습니다. 그 이유는 사람의 기억이 아주 길기 때문입니다. 시공간 인식이 매우 폭넓죠. 또 문명과 문화, 집단과 사람마다 생각이 제각각이고 그때의 상황에 따라 적절함과 취향의 기준이 달라지기 때문입니다.

개나 고양이 등 동물은 현재의 쾌락에 국한되거나 아주 짧은 미래만을 생각할 수 있습니다. 그래서 사람처럼 다양하고 변화무쌍한 아름다움을 느끼기 어렵습니다. 개나 고양이가 숭고를 느낀다면 엄격한 형식과 규칙에서 느끼는 안락함 정도랄까요. 기능에서도 마찬가지입니다. 동물은 유전자에 새겨진 고정된 인식에 부여된 규칙만을 따를 뿐, 스스로 새로운 규칙을 만들거나 조작하지 않습니다.

본능의 규칙을 따르는 동물은 현재 상황에서 순간적인 대응은 뛰어나지만, 먼 미래를 계획하진 않습니다. 앞서 인용한 사례에서 보듯 동물도 아름다움을 느낍니다. 하지만 사람처럼 먼 미래를 계획하고 그 미래를 위해 현재를 절제하긴 어렵죠. 가령 앞서 사례에서 봤던 침팬지도 사람처럼 노을을 감상할 수 있지만, 이내 자신의 본래 목적인 파파야를 잊어버렸습니다. 반면에 사람은 파파야를 기다리는 가족을 위해 노을 감상을 절제할 수 있고, 노을의 아름다움에 끌리더라도 웬만하면 파파야를 잊어버리지 않을 것입니다. 아름다움에 취하더라도 집으로 돌아갈 때는 파파야를 챙기겠죠. 침팬지를 관찰하던 생물학자가 노을의 아름다움을 잊고 침팬지의 행동을 관찰했듯이 말이죠.

사람도 감각과 지각에 의지해 살아갑니다. 사람은 먼 미래의 욕망을 위해 현재 욕구를 억제할 수 있습니다만, 언제나 그럴 수 있는 것은 아닙니다. 일상의 활동에서 완전히 벗어날 수는 없으니까요. 사실, 따지고 보면 사람이 열심히 사는 이유도 더 잘 먹고, 더 잘 자는 등 더 편하고 좋은 감각과 지각을 얻으려는 데 있으니까요.

아름다움의 판단 기준을 생각에 두면, 아름다움의 스펙트럼은 무한대로 넓어집니다. 반면에 감각과 지각을 중심에 두면, 아름다움의 기준이 분명해집니다. 신석기시대 사람들이 주먹도끼에서 대칭을 의도했고, 또 앞서 언급했던 대칭과 비례에 따른 형식주의 예술이 그랬던 것처럼 말입니다. 동물도 대칭이나 특정 비례를 선호하는 경향이 있습니다. 아마도 대칭과 비례가 생존과 번식이라는 목적에 가장 적합하다고 판단했기 때문이 아닌가 싶습니다. 그래서 아름다움의 목적이 생존과 번식에 있고, 이를 위해 대칭과 비례가 선호된다면 혹시 '모든 생명체가 공유하는 아름다움의 기준을 알 수 있지 않을까' 하는 기대가 생깁니다.

사람은 다양한 자연환경에서 살아갑니다. 심지어 빙하나 사막, 밀림이나 고산지대에 사는 사람도 있습니다. 마실 물이 있고, 몸을 숨길 그늘이나 동굴이 있고, 끼니를 때울 기회가 있는 곳이라면 어디든 괜찮습니다. 그래서 대부분 사람은 자신이 사는 풍경에 익숙해집니다. 어른이 되면 고향을 그리워하듯 특정 유형의 풍경을 선호합니다.

인생 경험이 적은 아이는 어른과 좀 다릅니다. 아이에게 열대우림, 온대낙엽수림, 침엽수림, 사바나, 사막 사진을 보여주면서 좋아하는 풍경을 고르라고 하면 대부분 사바나 사진을 선택합니다. 처음에는 사바나 기후의 풍경을 좋아하다가 나이가 들면 익숙한 풍경을 선호하게 되죠. 여기서 '사바나 가설'이 제시됩니다. 경험이 적은 아이가 사바나 사진을 택했다는 것은 혹시 사바나가 최초의 인류가 진화를 시작하던 지역 풍경과 연관이 있는 것은 아닐까, 그 유전자가 지금까지 이어지고 있어서 근본적으로 사바나 풍경을 아름답다고 여기는 것은 아닐까, 하는 가설입니다.

한 가지 사례를 더 살펴볼까요? 복합계 물리학에 '프랙털(fractal)'이라는 개념이 있습니다. 프랙털 가설은

아름다움의 관점들 —————— 149

복잡한 자연이나 현상도 자세히 보면 어떤 구조적 패턴이 있다는 주장입니다. 강의 지류와 나무의 가지와 뿌리, 나뭇잎의 잎맥, 동물의 혈관 등이 모두 구조적으로 유사합니다. 복합계 과학자들은 생명이란 프랙털 패턴들이 반복되며 중층적으로 쌓이는 구조라고 추측합니다. 생명체로 구성된 지구도, 나아가 우주도 마찬가지죠.

　　프랙털은 보통 밀도로 측정됩니다. 프랙털 밀도를 D라고 하면, 아무것도 그려지지 않은 빈 종이의 프랙털 밀도는 D1입니다. 완벽하게 검은 종이는 D2죠. 사람들은 어느 정도 복잡한 것을 좋아할까요? 실험 결과 D1.3, 대부분 약 30-40% 정도 복잡한 상태를 선호한다고 합니다. 이 숫자는 의미심장합니다. 사바나의 복잡성이 프랙털 D1.3과 유사하니까요. 그래서 그런지 사막이나 빙하, 밀림 지역과 달리 사람은 누구나 사바나 풍경에서 편안함을 느낍니다.

　　이런 접근을 예술과 디자인에도 적용할 수 있지 않을까요? 적어도 공간을 구성할 때 편안한지 아닌지를 판단하는 기준이 될 수 있겠죠. 앞서 고전 예술은 대칭과 비례의 형식으로 조화로운 상태를 추구한다고 말했습니다. 실제로 형태심리학 실험에서 반복하는 패턴과 반복이 없는

아름다움의 관점들 ────────

패턴을 보여주면 95%가 반복하는 패턴을 선호한다고
합니다. 그 이유는 패턴이 반복되면 혼란이 해소되기
때문이죠. 그래야 상황을 이해할 수 있고, 미래도 예측할
수 있으니까요. 앞서 살펴본 대로 사람은 30–40%
복잡성에서 편안함을 느낍니다. 상식적으로도 복잡한
공간은 다소 불편하고, 아무것도 없는 공간은 왠지 무섭죠.

　　분리 뇌 연구자이자 기포드 강연자이며 뇌과학자인
마이클 가자니가(Michael S. Gazzaniga, 1939–)는
『왜 인간인가(*Human: The Science Behind What Makes Us
Unique*)』라는 책에서 이런 말을 합니다. "사람들이
아름답다고 하는 것은 임의적이거나 무작위적인 게 아니라
인류의 감각, 인식, 인지 능력의 발달과 함께 수백만 년에
걸쳐 진화해온 결과"이며 "적응에 유용한 가치가 있는
감각과 인식은 아름다운 것으로 선호되었다." 가자니가에
따르면 아름다움의 인식은 근본적으로 '생존과 번식'이라는
삶의 과제, '좋음과 싫음'이라는 판단 기준을 바탕 삼아
하나의 감정적 선택으로 진화했습니다.

　　지금까지 거론한 과학적 실험과 성과는 모두 20세기
이후에 나왔습니다. 그래서 가자니가는 과거의 미학적
성과에 다소 부정적인 태도를 보입니다. 그는 한 음악

이론가의 말을 빌려 "현대 미학은 선사시대 예술에 대해 몰랐던, 또는 세계 곳곳에 다양한 형태로 널리 퍼져 있던 예술에 대해 몰랐던, 또는 우리 인간이 생물학적으로 진화해왔다는 사실을 몰랐던 철학자들에게서 출현했다." 라고 말하며 현대과학의 성과를 반영해 미학을 다시 써야 한다고 주장합니다.

기존 미학에 대한 불만은 가자니가만의 생각은 아닐 것입니다. 수많은 과학자가 과학적 사실에 근거해 아름다움에 비밀을 풀려고 합니다. 진화심리학자인 스티븐 핑커(Steven Pinker, 1954 -)는 아름다움을 지위와 연관 짓습니다. 지위가 높을수록 아름다워 보이고, 아름다운 사람들은 대부분 지위가 높다는 점에서 아름다움과 지위가 비례한다고 주장하죠. 삶의 여유가 있는 상류계급에서 예술을 선호하는 이유도 지위의 과시죠. 실제로 많은 동물이 아름다움을 과시함으로써 자신의 지위를 확보하려 합니다. 물론 사람도 마찬가지입니다.

신경과학자들은 보통 신경 작용을 통해 아름다움을 정의합니다. 이들은 아름다움이 "그것을 인식하는 사람의 처리 역학의 기능"이라고 주장하며 "인식이 유연한 사람일수록 미적 반응도 긍정적이다."라고 말합니다.

—————— 아름. 다움,

긍정적이란 '쉽고 빠르게 처리한다'는 뜻입니다. 아름다움을 처리 속도와 적응 문제로 보는 것이죠. 유연한 적응은 스티븐 핑커가 말한 과시·지위와 연결 지어 생각할 수 있습니다. 사회 흐름을 빨리 인식하는 사람은 자신의 지적인 과시를 통해 지위를 인정받을 수 있으니까요. 신경과학자가 아름다움의 신경적 원인을 강조했다면 진화심리학자인 스티븐 핑거는 신경적 결과를 강조한 셈입니다.

지금까지 살펴본 과학의 아름다움은 정답 혹은 적절함이 있었습니다. 진화론의 가장 근본적인 태도인 자연 선택과 적응, 즉 적자생존 법칙을 따른 관점입니다. 이에 반대하는 의견도 있습니다. 조류진화학자 리처드 프럼 (Richard O. Prum, 1961 -)은 진화의 동력으로 자연 선택에 의한 적응만이 아니라 자유의지에 의한 자율적 선택도 있다고 주장합니다. 생명체는 자신의 유전자를 남기기 위해 배우자를 신중하게 선택합니다. 이는 단지 자연에 잘 적응하느냐는 기준이 되지 않습니다. 그보다는 배우자의 취향이 강하게 반영됩니다. 프럼은 이를 증명하기 위해 새들의 삶을 소개합니다.

많은 수컷 새가 암컷에게 선택받는 데 평생을 바칩니다. 때로는 자연에 적응하기조차 포기합니다. 청란(靑鸞)이나 공작새 수컷은 암컷에게 잘 보이려고 멋진 모습을 뽐내다 보니 날개의 기능이 퇴화했습니다. 이는 찰스 다윈(Charles Darwin, 1809-1882)의 주장이기도 합니다. 다윈은 청란을 예로 들면서 자연의 진화에는 자연환경에 적응하는 자연 선택만이 아니라 생명체가 자율적으로 하는 성 선택도 있다고 주장합니다. 프럼은 다윈의 첫 번째 진화 개념인 자연 선택이 아니라 두 번째 진화 개념인 성 선택에 주목해서 새와 동물, 사람이 주도하는 아름다움에 대한 자율적 선택을 강조합니다. 자세한 내용은 다음 장에서 소개하겠습니다.

　　사람도 동물입니다. 만약 동물이 공통으로 느끼는 아름다움을 알 수 있다면, 당연히 사람이 느끼는 공통의 아름다움도 짐작할 수 있겠죠. 거꾸로 사람이 느끼는 아름다움의 근본을 알면 동물이 느끼는 아름다움의 근본적 태도를 짐작할 수 있을 것입니다. 진화론과 심리학은 이런 측면에서 상호 유효합니다. 다윈이 말하는 자연 선택과 성 선택, 프로이트가 말했던 문명의 억압과 충동, 이런 주장이 잘 어울리면 혹시 모든 동물과 인류가 공유할 수 있는 아름다움의 보편적인 기준을 발견할 수도 있지 않을까요?

[아름다움의 보편적 기준]

"자연이 아름답지 않다면 탐구할 가치가 없고, 삶은 살아볼 가치가 없을 것이다. 과학자는 자연이 쓸모 있어서 연구하는 것이 아니라 자연이 즐거움을 주고 아름다워서 연구한다." 19세기 위대한 수학자 앙리 푸앵카레(Jules-Henri Poincaré, 1854-1912)가 한 말입니다. 그에게 아름다움은 단순함을 의미했습니다. 모든 것을 설명해주는 만유인력의 법칙처럼 말입니다.

과학자들에게 수학 공식은 아름다움 자체였습니다. 복잡한 자연을 하나의 수식으로 설명해주기 때문이었죠. 이런 점에서 현대 과학자들은 아름다움의 보편적 기준을 찾고 있는 셈입니다. 공식을 찾으려면 먼저 반복되는 패턴을 찾아야 합니다. 보통 이런 패턴은 단순하고 추상적인 기하학 형태에서 시작합니다.

고대 이집트 문명에 고도의 기하학이 있었습니다. '피타고라스의 정의'로 유명한 피타고라스(Πυθαγόρας, BC 580-500)는 이집트에서 20여 년간 머물며 기하학을 배웠습니다. 그는 기하학적 비례에서 자연과 신의 원리를 찾았습니다. 이런 노력으로 고전적 아름다움의 비례 기준이 정립되었습니다. 이집트의 영향일까요? 인도의 영향일까요?

아름다움의 관점들 ————— 157

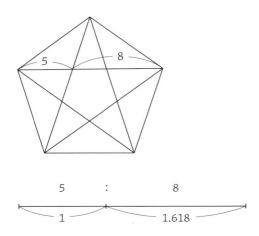

이슬람 문명에서도 유독 수학이 발달했습니다. 15세기 이슬람의 수학이 유럽에 도입되면서 기하학과 산술은 하나의 학문으로 종합됩니다. 당시에는 이를 '해석기하학', '대수기하학'이라고 불렀습니다.

우리는 수학으로 대표되는 아름다움의 확고한 기준을 하나 알고 있습니다. 바로 '황금비'죠. 황금비율은 하나의 선에 어떤 점을 의미합니다. 이 점은 전체 선을 두 영역으로 구분합니다. 이 중 전체영역과 큰 영역의 비율과 큰 영역과 작은 영역의 비율이 똑같은 지점이 있습니다. 흥미로운 점은 이론적으로 그 점은 분명히 존재하는데, 수학적으로 계산하면 무한대의 숫자가 나옵니다. 즉 정확한 계산이 불가능해 찍히지 않는 점인 셈이죠. 근대 이후 사람들은 이 신비한 무리수를 '황금비(Golden Ratio)'라 말했습니다. 황금비는 대략 4:6 혹은 3:7의 비율입니다. 앞서 인간이 편안함을 느꼈던 프랙털 밀도인 $D=1.3$과 별반 다르지 않습니다.

행동경제학 실험에서도 황금비를 목격하곤 합니다. 죄수의 딜레마 게임을 통해 사람들의 이기심과 이타심을 실험하면 비율이 6:4로 귀결됩니다. 이런 연구를 읽다 보면 정말로 황금비가 보편적 아름다움의 기준이 아닐까

아름다움의 관점들 ———— 159

생각하게 됩니다. 거꾸로 사람의 유전적 성향 때문에
특정 비례에서 아름다움을 느끼게 되는 것일 수도 있고요.

　　　과학적 사고는 보편적 아름다움을 이해하고 판단하는
데 도움이 됩니다. 특히 적절한 기능을 찾는 디자이너에게
유용한 기준을 제공할 수 있죠. 저는 디자인 이론을
가르칠 때 종종 삼각형과 동그라미를 보여줍니다.
그리고 '사샥'이라고 부르는 도형이 무엇인지 물어봅니다.
그러면 대부분 '삼각형'이라고 대답합니다. '오홍'이라는
이름을 부르면 '동그라미'라고 답합니다. 이렇듯 어떤
소리와 형태는 서로 연결되어 있습니다. 소리만이 아니라
다른 감각 대상에서도 같은 결과가 나옵니다. 예를 들어
사람들은 삼각형에서 매운맛과 날카로운 촉각을 느낍니다.

　　　모든 감각 효과는 신경 패턴으로 연결되어 있습니다.
이를 '공감각(synesthesia)'이라고 합니다. 뇌과학자들은
공감각이 감각을 처리하는 뇌의 영역이 서로 가까워서
일어나는 현상이라고 말합니다. 흥미로운 점은 동서양이
어떤 도형을 떠올리는지 물어보면 많은 학생이
'서양=삼각형, 동양=동그라미'를 연상한다고 대답합니다.
심지어 감각이 아닌 추상적 논리도 시각 이미지로
구분됩니다. 아무 의미가 없는 추상적인 도형에서조차

이런 느낌의 차이가 생기는데, 의미가 있는 그림이나 사진은 오죽하겠습니까? 이런 현상이 유전인지 문화적 경험인지는 모르겠습니다만, 현대인이 근본적으로 공유하는 어떤 지각적 공통분모가 있는 것만은 확실해 보입니다.

　현대인의 공통 신앙은 과학입니다. 현대인들은 과학을 믿음의 바탕으로 여깁니다. 과학을 신뢰하지 않는다고 하더라도 날씨를 교황청에 물어보지는 않으니까요. 이와 마찬가지로 아름다움의 과학적 기준을 신뢰하지 않는다고 해도 그 성과를 무시해서는 안 됩니다. 망망대해를 항해한다고 상상해보세요. 바다에는 지형지물이 따로 없습니다. 방향을 가늠하기 어려운 상황에서 사람들은 별에 의지했습니다. 그 시대의 별은 우리 시대의 과학입니다. 아름다움에서 과학은 별과 같은 나침반 기능을 할 수 있죠. 고대부터 지금까지 수많은 항해사가 길을 잃지 않고 집으로 돌아올 수 있었던 것은 과학적 기준에 대한 믿음 덕분입니다. 이렇듯 아름다움을 생각하는 우리에게도 별 정도의 보편적 기준은 필요하지 않을까요?

　물론 아름다움에 정답이 있는 것은 아닙니다. 우리는 황금비 같은 특정 비율에서만 아름다움을 느끼지도 않습니다. 우리는 이미 예술과 디자인을 통해 다양한 아름다움을 이야기했습니다. 숭고와 기능도 마찬가지입니다. 기독교 신자는 거대한 성당에서 숭고함을 느끼겠지만, 종교가 없는 사람에게는 별 감흥이 없을 것입니다. 모두에게 익숙한 기능도 늘 새롭게 혁신되고 있습니다. 어쩌면 아름다움의 기준을 충족하는 결과물은 오히려 아름답다고 말하기 어려울 수 있습니다. 기존에 있던 것은 당연해졌고, 당연한 것에서는 창의력을 찾아볼 수 없으니까요.

위대한 예술과 디자인은 언제나 기준의 억압에서 벗어날 때 탄생합니다. 기준의 억압에서 벗어나려면 어떤 기준이 우리를 억압하는지 알아야겠죠. 적어도 그 기준이 무엇인지 알아야 억압에서 벗어날 수 있으니까요. 과학에서 말하는 보편적 아름다움은 그 자체로는 아름답지 않을 수 있습니다만, 새로운 길을 찾을 때 보편적 기준을 제공한다는 점에서 주목할 필요가 있습니다.

아름다운 사람

[선(善)의 아름다움]

한자 선(善)은 양(羊)과 말(言)의 합성입니다. 본래
갑골문에는 양 아래 눈(目)이 그려져 있었다고 합니다.
나중에 이 눈이 입으로 바뀌었습니다. 양의 눈이 양의 말로
바뀐 것이죠. 선(善)은 보통 '착하다' '좋다'로 번역하는데
'훌륭하다' '잘한다' '사이가 좋다'라는 뜻도 있습니다.
양처럼 말하는 것이 '말을 착하게 한다' '말을 잘한다' '말을
훌륭하게 한다' '말을 친하게 한다'라는 의미로 여겨졌나
봅니다.

우리는 선(善)을 '착할 선(善)'으로 이해합니다.
그럼, 우리말 '착하다'는 무슨 뜻일까요? 우리는 "그 사람
어때?"라고 물으면 "그냥 착해."라고 대답하곤 합니다.
이 간단한 말에는 상당히 복잡한 심경이 담겨 있죠.
전반적으로는 성품이 괜찮다는 뜻입니다. 무엇보다 나하고
잘 지내기 때문에 '착하다'고 말하죠. 만약 나뿐 아니라

다른 사람들과도 잘 지낸다면 '그 사람 정말 착해'라고
강조할 것입니다. 실제로 우리말 '착하다'에는 그런 느낌의
바탕뜻이 있습니다. '착하다'의 짜임은 '착＋하다'로 '착'이
'하다'로서 드러난 상태를 말합니다. 우리말에서 '착'은
'착 달라붙는다'처럼 서로 사이가 가깝거나 붙어 있음을
암시합니다. 그래서 '착하다'는 '착'이 '하다'로 드러나서
'가깝게 느껴진다'를 의미합니다.

　'착해'는 '참해'와 발음이 비슷합니다. 우리말에서 '참'은
'속이 찼다' '겉과 속이 일치한다'는 의미입니다. 이런
점에서 '착해'는 '겉과 속이 가까워 성품이 거짓스럽지 않고
진실되다'는 느낌이 들게 합니다. 그럼, 우리는 사람의
진실성을 어떻게 알 수 있을까요? 사람의 생각을 알려면
'말'을 들어야 합니다. 사람에게는 생각을 담고 있는 말이
있어서 말과 행동을 견주어 진실함을 판단할 수 있죠.

　고대 그리스에서 무언가에 탁월한 것을 '아레테'라고
했습니다. 아레테는 '발이 빠르다' '솜씨가 훌륭하다' 등
몸과 기술이 숙련된 상태를 의미합니다. 그리스 사람들은
기술만이 아니라 성품이 훌륭한 경우에도 '아레테'라고
했습니다. 아레테는 잠재된 능력이 충분히 발휘되었을 때
사용되는 표현으로 우리말로는 '잘한다'라는 뜻이죠.

보통 '탁월성'이라고 번역합니다.

　　고대 그리스에서 최고의 기술은 정치였습니다. 정치는 말로 사람의 마음을 바꾸는 활동입니다. 그래서 최고의 아레테는 말을 잘 다루는 선(善)이었죠. 플라톤은 '아름다움의 본질은 선의 이데아를 모범으로 둔다'고 말했습니다. 그는 이 이데아가 가장 잘 구현된 상태를 말할 때 '아레테'라는 표현을 사용했습니다. 그래서 플라톤의 책에서 ἀρετή는 대부분 덕성(virtue)으로 번역됩니다. 덕성은 선천적으로 갖추고 태어나는 것이 아닙니다. 물론 사람에게는 하늘이 심어놓은 타고난 인성(人性)이 있습니다. 씨앗이 나무로 성장하려면 적절한 토양과 햇빛, 물이 필요하듯이 사람의 씨앗이 좋은 인성을 갖추려면 안정된 정치적 환경에서 성장해야 합니다.

　　사람의 성품은 대부분 말(言)로 드러납니다. 선의 아름다움도 공공의 말에 근거합니다. 덕성에서 한자어 덕(德)은 '곧은(直) 마음(心)으로 길(彳)을 간다'는 의미입니다. 즉 덕성은 선천적이고 순간적인 마음이 아니라 오랜 노력이 축적된 결과죠. 이 노력은 생각으로 발현되고 말로 이루어지죠. 덕성의 배경은 교육에 있습니다. 플라톤 또한 사람의 성장을 위해 교육을 가장 중요시했습니다.

아름다움의 관점들 ───────

중국의 공자(孔子, BC 551-479)도 그랬습니다. 이들은 모두 학교를 만들고 대화를 통해 올바른 말이 무엇인지 가르쳤습니다.

중국에서 말에 가장 뛰어난 사람으로 맹자(孟子, BC 372-289)를 꼽습니다. 맹자는 『대학(大學)』의 "수신제가치국평천하(修身齊家治國平天下)"를 해석하면서 수신(修身)의 중요성을 강조했습니다. 수신은 덕성을 기르는 자기 수양을 말합니다. 덕성은 말에서 비롯됩니다. 유교에서 교육과 정치를 담당하는 선비는 반드시 말의 덕성을 갖춰야 국가를 잘 다스리고 세상을 편안하게 할 수 있죠. 이 또한 사람의 말을 강조한 것입니다.

말은 가장 공공적인 소통 매체입니다. 문명과 문화의 가장 큰 바탕이죠. 문명의 3가지 기준을 꼽으라면 지리와 기후, 도구, 언어입니다. '한국'을 국가가 아니라 '한국말을 쓰는 사람들'이라고 본다면 한국도 하나의 문명입니다. 한국과 중국 등 다른 문명들의 차이를 알려면 말도 함께 살펴야 합니다. 한국 문명은 중국 문명과 지리와 도구는 비슷하지만, 말은 완전히 다릅니다. 우리말은 그 구조상 주어와 대상이 모두 나열되고 맨 뒤에 동사가 나옵니다. 동사가 앞선 모든 상황을 함께 풀어주는 방식이죠. 가령

'나는 친구와 논다'라고 말할 때 '논다'라는 행위의 주체는 '나'만이 아닙니다. '친구'도 있죠. '논다'는 행위를 '나'만의 행위가 아니라 나와 친구가 함께하는 행위로 이해합니다. 이를 최봉영은 '쪽'이라 말합니다. 쪽 개념으로 말하는 한국 사람은 여러 주체의 상호성을 중시합니다.

중국말과 서양 말은 주로 주어와 동사의 인과관계로 상황을 판단합니다. 주부가 원인이고 술부는 결과가 됩니다. 동사는 주어에 따라 격이 변합니다. 주어와 동사가 늘 함께하죠. 서양 말은 주어가 원인이 되고 동사는 결과가 되므로 "I play with my friend."라고 말할 때 '논다(play)'는 '나'의 능동적 행위로 봅니다. 인도 불교는 동사를 일으키는 목적과 인연을 중시했습니다. 주어의 행위를 일으키는 인연의 중요성을 강조했죠. '나는 친구와 논다'의 경우 '논다'는 주체적인 '나'가 아니라 인연이 되는 '친구' 덕분에 일어난 행위라고 보는 태도입니다.

이렇듯 말의 구조에 따라 사람의 생각과 태도가 달라집니다. 말에 따라 도덕적 태도가 달라지죠. 서양 말 인과관계에서 도덕적 주체는 '나'입니다. 불교의 연기관계는 인연이 되는 '친구'를 강조합니다. 우리말은 나와 친구의 상호성을 중시합니다. 나의 쪽과 친구의 쪽이 함께 '논다'는

아름다움의 관점들 ————

행위가 일어나게 한다고 보기에 주체가 어느 한쪽으로
기울지 않습니다. 동사를 말하기에 앞서 여러 주체를
나열하는 것은 판단을 내리기 전에 전체적 상황을 배려하는
태도입니다. 섣불리 행동하기에 앞서 신중하게 생각한다는
것이죠. 신중한 만큼 판단의 속도는 느리지만, 실수가
적습니다. 다만, 빠른 판단을 요구하는 상황에서는 답답할
수도 있죠.

[황금률]

한국 사람과 서양 사람, 중국 사람은 자신의 쓰는 말에 따라
도덕적 태도가 달라집니다. 하지만 사람이라는 점에서는
모두가 공유하는 도덕적 태도가 있습니다. 실제로 각기 다른
문명에 속한 윤리학자들이 모여 각 문명의 도덕률 중에서
서로 유사한 것이 있는지 살펴봤습니다. 이를 윤리의
황금률, 줄여서 '황금률(Golden Rule)'이라고 부릅니다.
그들이 찾은 인류 문명 공통의 황금률은 크게 두 가지입니다.
'내가 받고 싶은 것은 남에게 먼저 주라'는 적극적 태도와
'내가 받고 싶지 않은 것을 남에게 주지 말라'는 소극적
태도입니다. 『논어(論語)』에서 공자는 전자를 '충(忠)'
이라고 말하고 후자를 '서(恕)'라고 했습니다. 충서(忠恕)는

중국 문명의 대표적인 도덕률입니다.

　대표적인 서양 종교인 기독교 『신약성경』에도 비슷한 표현이 있습니다. "너에게 하지 않기를 바라는 것을 남에게 하지 말고, 너에게 해주기를 바라는 것을 남에게 하기를 거절하지 말라 what you do not wish to have done to you, or what you do wish to have done to you, do not do to others, or do not deny to others."(공동번역 『성경』에는 "너희는 남에게서…해주어라."라는 적극적 태도만 반영되어 번역되어 있음)

　근대 철학을 완성한 칸트도 '남의 자유가 끝나는 지점에서 비로소 나의 자유가 시작된다'고 했습니다. 또 그의 유명한 정언명령은 '사람을 수단으로 대하지 말고, 언제나 동시에 목적으로 대하라'는 가르침입니다. 나와 너는 모두 독립된 인격체로서 존중받아야 한다는 의미죠. 이 또한 앞서 말한 황금률에 상응하는 생각입니다.

　'선의 아름다움'이 황금률처럼 보편성을 갖추려면 두 가지 가치 기준을 충족해야 합니다. 첫째, 시공간에 따라 다르지 않아야 합니다. 윤리적 가치가 특정한 시대와 문명에서만 통한다면 보편적이라 할 수 없습니다. 좋은 것이라면 언제 어디서나 좋아야 하고 지속해야 합니다.

무엇이든 오래전부터 지속했다는 것은 그럴 만한 이유가 있을 것입니다. 인문학자들은 단테(Durante degli Alighieri, 1265-1321)의 『신곡(*La Divina Commedia*)』 같은 고전을 아름답다고 말합니다. 꾸준히 언급되고 인용되죠. 또 고전에는 역사성이 있기에 어떤 교훈을 담고 있습니다. 역사적 교훈이 오래 살아남아서 지금까지 전해진다는 것은 시공간을 뛰어넘는 보편적 가치를 담고 있기 때문이겠죠. 그래서 사람들은 대개 고전의 가치를 존중합니다.

둘째로 되도록 많은 사람이 알면 좋습니다. 좋은 것은 여러 사람이 함께 공유하면 더 좋아집니다. 사람이 함께 살려면 규칙이 있어야 합니다. 규칙을 잘 지킨 사람은 모범이 됩니다. 덕성을 갖춘 사람으로 여겨지죠. 모두가 좋아하는 규칙이 있다면 누구나 알고 실천하면 좋을 것입니다. 좋은 규칙은 개인의 문제가 아니라 공동체의 문제이고, 되도록 많은 사람이 규칙을 지키면 그 공동체는 더욱 좋아지니까요. 좋은 사람이 좋은 공동체를 구성하고, 좋은 공동체가 좋은 사람을 만듭니다.

지금까지 살펴봤듯 사람의 아름다움을 정하는 기준이 있다면 오래가면서 많은 사람이 모범으로 삼는 태도가 아닐까 싶습니다. 윤리학자들이 찾은 황금률은 이 기준에

만족하는 인류의 가장 보편적인 도덕률이자 선(善)의 아름다움입니다. 그럼, 자연에서 찾았던 황금비와 함께 황금률을 보편적 아름다움의 판단 기준으로 삼으면 어떨까요? 사람의 아름다움을 판단할 때 8등신처럼 겉으로 보는 사람의 아름다움은 황금비가 잣대가 되고, 덕성(德性)처럼 안에 들어 있는 사람의 아름다움은 황금률이 잣대가 되는 것이죠.

[아름다움과 폭력]

공작새의 깃털은 참 화려합니다. 공작새가 하늘을 나는 장면을 보면 정말 매혹적이죠. 공작새는 어쩌다가 이토록 아름다운 깃털을 갖게 되었을까요? 척박한 자연환경에서 살아가기에는 다소 거추장스러울 것 같고, 천적에게도 쉽게 노출되어 생존에 불리할 것 같은데, 굳이 깃털이 화려하게 진화한 이유는 무엇일까요?

느닷없이 공작새의 진화를 묻는 이유는 아름다움과 폭력의 관계를 말씀드리려는 것입니다. 어떤 사람들은 폭력적 장면이나 행동에서 아름다움을 느낍니다. 실제로 폭력적인 영화나 예술 작품이 대중적 인기를 끌기도 합니다. 하지만 상식적으로 아름다움과 폭력을 연결하기는

아름다움의 관점들 ——————— 171

암컷에게 구애하는 청란의
날갯짓, 이미지 출처
『아름다움의 진화』(리처드
프럼, 2019)

쉽지 않을 것 같습니다. 사람들은 대부분 폭력이 아름답지 않다고 생각하죠. 폭력은 아름다움을 깨뜨리니까요.

　진화론을 정립한 찰스 다윈은 1859년 『종의 기원 (Origin of Species)』을 출간하고 나서 12년 뒤 『인간의 유래와 성 선택(The Descent of Man, and Selection in Relation to Sex)』이라는 책을 출간합니다. 『종의 기원』에서 생명의 진화에 있어 '적응에 의한 자연 선택'을 다루었다면 『인간의 유래와 성 선택』은 '자율적인 성 선택'이라는 진화의 또 다른 측면을 제안합니다. 앞서 살펴봤지만, 다윈은 자연 선택과 더불어 성 선택도 진화의 동력이라고 주장합니다. 생명이 진화할 때 환경에 적응하는 노력만큼 사랑하는 배우자를 선택하는 자율적 태도 또한 중요한 요인이라고 봤던 것이죠.

　진화론의 자연 선택은 생명체가 환경에 적응하는 방식이기에 수동적인 반응입니다. 반면에 성 선택은 생명체 자신이 원하는 배우자를 자율적으로 선택한다는 점에서 능동적인 태도로 볼 수 있습니다. 다윈은 청란을 성 선택의 예로 강조합니다. 번식기가 되면 암컷은 수컷의 공연을 찾아다닙니다. 암컷은 여러 수컷의 공연을 관람하면서 가장 멋진 공연을 펼친 수컷을 선택하죠. 수컷은 암컷이 자신을 선택해줘야 자신의 유전자를 남길 수 있습니다. 그래서 수컷은 평생을 암컷에게 선택받으려고 애씁니다. 번식기 암컷에게 구애하려고 눈물겨울 만큼 열심히 주변을 가꾸고 춤을 연습합니다. 암컷을 만족시켜야 배우자로 선택받을 수 있고 후손을 남길 수 있기 때문이죠.

다윈은 청란의 노력을 보면서 생명체의 생존과 번식에서 배우자 선택이 매우 중요한 문제라는 사실을 깨달았습니다. 바로 청란의 날개 때문입니다. 멋진 춤을 완성하려고 애쓴 수컷의 깃털은 화려하게 진화했습니다. 그런데 이 진화는 적응의 과제와 충돌합니다. 나는 능력을 포기해야 했기 때문입니다. 암컷에게 선택받고 번식하기 위해 춤을 선택하고 날기를 포기한 것입니다.

조류진화학자 리처드 프럼은 『아름다움의 진화(*The Evolution of Beauty*)』에서 '마나킨(manakin)'이라는 새를 소개합니다. 수컷 청란은 혼자 공연하지만, 수컷 마나킨은 여럿이 모여 공연합니다. 함께해야 더 멋진 공연이 되므로 그렇게 진화했겠죠. 물론 공연하는 이유는 번식기의 암컷 마나킨을 유혹하려는 것입니다.

공연이 마음에 든 암컷 마나킨은 수컷 한 마리만을 고릅니다. 누가 뽑힐지는 예측하기 어렵습니다. 암컷 마음에 달렸으니까요. 멋진 공연을 해야만 선택받을 기회를 얻을 수 있기에 수컷들은 자기 역할을 열심히 합니다. 자신을 뽐내기보다 공연에 충실하죠. 프럼은 공연을 준비하는 수컷 마나킨들을 관찰하면서 그들 사이에 브로맨스가 있음을 확인했습니다. 함께 공연을 준비하는 과정에서 서로 배려하면서 우정이 싹틉니다. 함께 춤추는 마나킨은 혼자 춤추는 청란보다 선택받을 확률은 낮지만, 꼭 나쁜 것만은 아닙니다. 암컷에게 선택받기에 실패하더라도 멋진 친구들을 얻을 수 있으니까요.

프럼은 가장 비폭력적인 동물로 새를 꼽습니다. 앞서 소개한 청란과 마나킨 수컷은 성기가 없습니다. 그래서 폭력적인 성관계가 없죠. 또 암컷이 육아를 독점합니다. 그만큼 암컷에게 능력이 있다는 것이죠. 이런 상황이니 암컷이 성 선택권을 누리고 있습니다. 수컷은 암컷에게 선택받으려고 노력할 뿐입니다. 수컷 청란과 마나킨은 평생 몸을 아름답게 가꾸고 뽐내기에만 몰두합니다.

프럼은 아름다움과 폭력의 관계를 영장류로 확대합니다. 대표적인 영장류인 고릴라와 침팬지수컷은 암컷보다 체구가 24% 정도 큽니다. 암컷보다 힘도 월등히 세겠죠. 그래서 고릴라 집단의 우두머리는 수컷입니다. 이 개체를

수컷 긴꼬리 마나 킨

수컷 고릴라

──────── 아름. 다움,

'알파 수컷'이라고 부르죠. 알파 수컷은 자신의 유전자를 최대한 많이 남기고자 집단 내 암컷들을 독점합니다. 처음 알파 수컷이 되면 기존 알파 수컷의 유전자를 없애려고 영아 고릴라들을 살해합니다. 침팬지도 마찬가지입니다. 암컷 독점과 영아 살해는 고릴라와 침팬지의 공통된 특징입니다.

다른 영장류인 보노보는 조금 다릅니다. 수컷이 암컷을 독점하지만, 영아 살해는 거의 없습니다. 암컷들이 연대해서 수컷이 새끼를 죽이지 못하게 막기 때문이죠. 또 다른 영장류인 사람은 어떨까요? 과거 왕과 귀족들이 여자들을 독점했습니다만, 대부분 사회에서 일부일처제가 적용되었죠. 게다가 영아 살해는 거의 찾아볼 수 없습니다. 아이의 부모라 할지라도 살해 행위는 중대 범죄입니다.

고릴라와 침팬지는 영아를 살해할 때는 주로 송곳니를 사용합니다. 송곳니가 아주 발달했죠. 사람의 송곳니는 고릴라와 침팬치에 비해 아주 작습니다. 송곳니가 퇴화한 것은 그만큼 폭력성이 줄어들었다는 뜻입니다. 또한, 사람은 남자가 여자보다 약 10-16%가량 덩치가 큽니다. 고릴라와 비교할 때 남녀 힘의 차이가 훨씬 덜하죠. 사람은 남자가 폭력으로 여자를 제압하기 어렵게 진화한 것입니다.

프럼은 새와 영장류의 진화를 통해 사람의 다양한
성 취향을 분석합니다. 남성 동성애는 남자가 남자를
좋아하는 성 취향입니다. 프럼은 남자들의 동성애 취향이
일부 수컷들이 암컷에게 잘 보이려고 알파 수컷에 반항하는
과정에서 생긴 브로맨스가 아닐까 짐작합니다. 폭력적인
수컷이 암컷들을 독점하지 못하게 수컷 사이에 비폭력
연대가 형성되었고, 이 연대가 성 취향으로 진화했다는
것입니다. 혹은 마나킨 새들의 경우처럼 암컷에게
잘 보이려고 어울리다 보니 서로 애정이 싹튼 것은 아닐까
생각합니다. 즉 남성 동성애는 비폭력적인 남자들이
여자들에게 선택받기 위한 브로맨스가 낳은 진화의
방향성이랄까요. 그래서 대부분 남성 동성애 성향 개체는
남성보다 여성과 친하게 지냅니다.

여성 동성애는 남성 동성애와 다른 이유로 진화한
성 취향입니다. 남성 동성애가 폭력적인 암컷 독점 때문에
생겼다면, 여성 동성애는 폭력적 영아 살해에 대항한
암컷들의 저항 연대에서 비롯했습니다. 보노보처럼
여자들이 남자들의 폭력적 영아 살해를 막으려고
연대하면서 진화한 성 취향이죠. 여성 동성애자들은
남자들처럼 폭력적으로 행동할 때가 있습니다. 하지만

여성 동성애자들이 폭력적인 남자들과 어울리는 상황은 상상할 수 없습니다. 보통 남성 동성애자들은 비폭력을 선호합니다. 폭력적인 남자를 별로 좋아하지 않고 오히려 여자들과 어울리기를 좋아합니다. 남성 동성애자와 여성 동성애자는 모두 폭력적인 수컷에게 저항한다는 점에서 공통점이 있습니다만, 남성보다 여성 쪽에 폭력적 성향이 강하죠. 폭력을 써서라도 알파 수컷의 영아 살해를 막아야 하기 때문입니다.

자연 선택의 진화에서는 선택의 주체를 수컷으로 여기는 경향이 있습니다. 폭력이 난무하는 적자생존의 세계에서는 힘센 수컷이 주도권을 갖는다고 생각하기 쉽죠. 반면에 성 선택의 세계에서는 선택의 주체를 암컷으로 봅니다. 청란과 마나킨처럼 폭력이 없는 새들의 사회에서는 강제력이나 폭력으로 성 선택을 할 수 없습니다. 다른 노력이 필요해지죠. 그 노력이 바로 아름다움입니다. 그래서 가장 비폭력적인 새가 아름다움을 가장 많이 추구합니다.

진화의 두 측면을 통해 우리는 아름다움과 폭력의 관계를 생각해볼 수 있습니다. 흥미로운 점은 비폭력 성향이 강해질수록 아름다움에 대한 요구도 강해집니다. 자연 선택 관점에서 생명체는 환경에 적절하게 적응해야 합니다.

아름다움의 관점들 ———————— 179

그래서 자연 선택의 아름다움에는 적절성에 대한 형식적 판단이 중요합니다. 적절하게 구축된 형식은 다양성을 제약합니다. 반면에 성 선택 관점에서 생명체는 자율적 선택을 추구합니다. 그래서 성 선택의 아름다움에는 다양성에 대한 자유로운 판단이 중요합니다. 자유와 자율이 강조되므로 고정된 형식이 구축되기 어렵죠. 형식이 계속해서 변하는 현대의 형식주의 예술처럼 말입니다.

실제로 암컷들의 성 선택이 자유로운 새들의 세계에는 다양한 형식의 아름다움이 있습니다. 심지어 같은 종 안에서도 형식이 제각각이죠. 예술과 디자인에서 형식주의와 자연주의가 모두 중요하듯 아름다움에서 적절성과 다양성은 모두 중요합니다. 다만 둘 중 우선하는 것을 꼽으라면 다양성이 먼저라고 생각합니다. 아무래도 다양성이 클수록 더 적절한 아름다움을 추구할 수 있으니까요.

사람은 평화를 추구하는 존재로 진화했고, 폭력보다 아름다움을 원합니다. 앞서 살펴봤듯 폭력과 아름다움은 반비례합니다. 비폭력 세계에서는 아름다움이 중요해지듯, 아름다움이 중요한 세상에서는 폭력이 줄어들지 않을까요? 폭력을 줄이려고 더 강한 폭력을 사용하기보다는 아름다움을 강조해야 하지 않을까요? 그러려면 아름다움의 자율적 선택이 중요해집니다. 형식을 강제하기보다 표현의 자유를 장려해야겠죠. 아름다움의 자율성은 겉멋만을 추구하는 것이 아닙니다. 아름다운 사람의 내면에 폭력에 대한 저항이 있기에 속의 아름다움까지 포함되죠.
이런 점에서 아름다움의 다양성을 존중하는 사람은 겉과 속이 모두 '아름다움 사람'이라고 말할 수 있습니다.

아름다움의
역할

「　　　　　。

　　　　　，

」*

・

，

*

〈

아름다움과
어울림

아름다움의 가장 중요한 일은 '어울림'입니다. 최봉영은
아름다움의 어울림을 크게 네 가지로 구분합니다.

첫째, 안에서 함께하는 것들끼리 잘 어울리는 것입니다.
시계는 속에 있는 부품이 서로 잘 어울려야 돌아가죠.
머릿속에 있는 말도 서로 잘 어울려야 이해할 수 있습니다.
둘째, 안에 있는 것들이 밖에서 함께하는 것들과 잘
어울리는 것입니다. 누구나 자신이 원하는 것이 밖에 있을
때 아름다움을 느낍니다. 배가 고프지 않으면 아무리
진수성찬이 차려져도 아름다워 보이지 않겠죠. 셋째, 밖에
있는 것이 서로 어울리는 것입니다. 공부하는 사람의
책상에는 책과 필기구가 있어야 합니다. 책상 위에 공부와
상관없는 무언가가 놓여 있다면 어울리지 않겠죠. 이럴 때도
안과 밖이 함께합니다. 아름다움을 판단하는 사람의
기준으로 어울림을 판단하니까요. 어떤 사람은 책상에

공부와 관계있는 것만이 있어야 아름답다고 느끼고, 어떤 사람은 책상에 꽃병이 있어도 아름답다고 느낄 수 있으니까요.

마지막으로 새로운 느낌이 드는 어울림입니다. 익숙하지 않은 상황에 놓이면 어색하고 불편할 수 있습니다. 그러다가 선입견과 편견이 사라지고, 새로운 깨달음을 얻으면 어색함과 불편함이 좋은 느낌으로 바뀌게 됩니다. 가령 비극을 감상할 때 그런 경험을 합니다. 처음에는 비극 내용이 불편하지만, 나중에는 어떤 카타르시스와 교훈을 얻게 되죠. 고통을 인내한 결과에서 오는 보람이랄까요. 성장통을 겪고 좀 더 성숙해지는 느낌, 그런 아름다움이 있습니다.

이렇듯 사람은 어울림을 통해 아름다움을 느낍니다. 그래서 아름다움이 하는 일을 알려면 먼저 어울림의 관계를 생각해야 합니다. 대부분 안과 밖의 관계에서 오는 어울림입니다. 안과 밖의 어울림을 제대로 이해해야 우리가 느끼는 아름다움이 무엇인지 이해할 수 있습니다.

관계와 어울림을 강조한 한 역사학자의 말을 인용해보죠. "중국에서 예술가는 단지 자연에서 아름다움을 발견할 뿐 아니라 자연에서 자기 자리를 찾는 사람이라는

아름다움의 역할 ——————— 185

1
안에서 함께 하는 것들이
잘 어울림

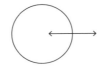

2
안과 밖에서 함께 하는
것들이 잘 어울림

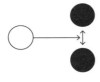

3
나의 기준으로 밖에서 함께
하는 것들이 잘 어울림

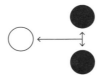

4
밖에서 나에게 새로운
느낌을 주는 잘 어울림

뜻이기도 했다. 그림은 자연을 다각도에서 바라보고
(서양의 원근법과 달리) 이질적으로 보이는 요소들의
관계를 조명했다. 관계가 예술의 중심에 있었다. 자연에
대한 열의에 초상화에 대한 관심이 더해지면서 인물과 닮게
그리는 것이 아니라 인물이 세상과의 관계에서 어디에
위치하는지 보여주려 했다. 그림은 친구들이 모여서
즉흥적으로 함께 그리는 공동작업이기도 했다. 즉흥성
(잭슨 폴록보다 한참 오래전에 종이에 먹물을 뿌렸다)뿐만
아니라 식물 하나하나를 과학적으로 정교하게 관찰하는
여유를 즐겼다. 예술가가 되는 것은 삶을 탐구하고 미의
기준을 세워서 도덕의 기준을 보완한다는 의미였다."
(『인생의 발견(*The Hidden Pleasures of Life: A New Way
of Remembering the Past and Imagining the Future*)』,
시어도어 젤딘(Theodore Zeldin, 1933-) p. 69)

　　어울림에서 가장 대표적인 분야가 예술입니다.
위 인용문에서 말하듯 중국 문명에서 예술은 선비들의 기본
소양이었습니다. 선비들은 자신의 도덕 기준을 보완하고
표현하는 수단으로 예술을 활용했습니다. 그림과 시를 통해
서로의 생각을 소통하며 어울렸습니다. 그래서 선비들의
일상에서 아름다움은 가장 중요한 주제 중 하나였죠.

아름다움의 역할 ——————— 187

철학자이자 소설가인 샤를 페팽(Charles Pépin, 1973-)은 『아름다움이 우리를 구원할 때(*Quand la beauté nous sauve*)』에서 아름다움의 역할에 대해 이렇게 말합니다. "'무엇이 아름다움을 자아내는가?'라는 질문은 중요하지 않다. 나는 '아름다움이 우리에게 하는 일'이 우리가 살아가는 데 어디까지 도움을 줄 수 있는지 보여주고 싶다." 맞습니다. 어떤 대상에서 아름다움을 찾기에 앞서 나는 언제 어디서 누구와 어떻게 아름다움을 느끼는지, 또 아름다움은 나에게 어떤 의미를 주는지 등 내가 어떤 어울림에서 아름다움을 느끼는지를 먼저 생각해봐야 합니다.

우리는 어떤 대상에서 아름다움을 느끼지만, 실상 아름다움은 그 대상이 아니라 바로 '나의 느낌'입니다. 어떤 물질적 대상이 아름답다가도 어느 순간 그 대상에서 아름다움을 느끼지 못하는 경우도 있으니까요. 특히 소유할 때 그렇습니다. 아름다운 물건을 소유하는 순간 아름다운 감동이 사라질 때가 있죠. 왜냐면 소유는 어울림이 아니라 종속이기 때문입니다.

플라톤은 『향연(*Συμπόσιον*)』에서 에로스('Άρως)에 대해 자세히 말합니다. 여기서 말하는 에로스는 아름다움의 여신 아프로디테의 아들이 아닙니다. 티탄 신족이 출현하기 전, 최초의 신 카오스 시절, 가이아의 어머니 에로스이죠. 두 가지 서사에서 에로스는 모두 사랑을 의미합니다. 『향연』의 주인공 소크라테스는 '에로스는 무엇을 소유한 상태가 아니라 소유하기를 열망하는 상태'라고 말합니다. 이미 소유한 것은 사랑의 대상이 될 수 없습니다. 소유하지 못한 상태에서만 사랑이 유지되죠. 소유하고 싶은 열망이 아름다움의 감정을 낳으니까요. 앞에서 이 열망은 호기심입니다. 이처럼 에로스와 사랑은 서로 호기심을 품고 어울리려는 노력입니다.

　　어울림은 아름다움의 목적에서 매우 중요한 문제를 제기합니다. 샤를 페팽은 "아름다움은 우리에게 소유하지 않고 사랑하는 방법을 가르친다."라고 말합니다. 우리는 소유할 때가 아니라 어울릴 때 아름다움을 더 깊이 느낍니다. '아름다움의 목적이 소유가 아니라 어울림을 향한 열망이라면 우리는 왜 아름다움을 느낄까?' '아름다움의 사회적 역할을 무엇인가?' '객관적인 아름다움과 주관적인 아름다움 중 무엇인 더 중요한가?' 등 아름다움을 둘러싼 어려운 질문들을 새롭게 묻고 따질 수 있습니다.

아름다움의 역할 ────────

아름다움과
돌아봄

철학자 이성민은 『철학적인 날들』에서 '아름다움은 본질적으로 다시 보고 싶은 것'이라고 말합니다. 우리는 길을 걷다가 아름다운 사람을 만나면 자연스럽게 다시 돌아봅니다. 아름다운 상품이나 상황을 봐도 다시 돌아봅니다. 어떤 계기로 아름다움을 느끼면 다시 보고 싶게 되고, 다시 보면 볼수록 아름다운 의미가 형성되죠. 그래서 '아름다움'이라는 말에는 감각하는 느낌과 생각하는 의미가 모두 함축되어 있습니다.

우리는 물건을 살 때 늘 이런 갈등을 합니다. "모양은 맘에 드는데, 기능이 별로야." 즉 느낌은 좋은데 의미가 별로인 상황입니다. 이처럼 아름다움에는 어떤 모순이 내포되어 있습니다. 우리는 비싼 제품에서 아름다움을 느끼면서 동시에 가성비 좋은 저렴한 제품에서도 아름다움을 느낍니다. 때론 소비하지 않는 태도를 아름답게 여기죠. 누구에게나 상황에 따라 아름다움에 대한 상반된 반응이 공존합니다. 또한, 분야마다 아름다움에 대한 태도가 제각각입니다. 과학자들은 보편적 아름다움에 대해 호기심을 갖습니다. 인문학자들은 개인의 취향이나 변덕을 존중해야 한다며 개별적 아름다움을 주장합니다.

그래서 '아름다움'이라는 말은 몹시 변덕스럽고 이해하기 어렵습니다. 일관된 개념의 바늘로 낚을 수 없고 다양한 담론의 그물만을 허용하는 아이러니가 공존하죠. 어쩌면 잡힐 듯하면서도 결국은 잡을 수 없는 모호함과 모순이 아름다움의 매력일지도 모릅니다. 그래서 아름다움을 자꾸 돌아보게 되고, 자꾸 돌아보기 때문에 더 아름답다고 느껴지는 건 아닐까요?

그럼에도 아름다움을 이해하려면 먼저 아름다움에 다양한 개념과 관점이 공존하고 있음을 인정해야 합니다. 앞서 우리는 아름다움의 개념들과 관점들을 살펴봤습니다. 아름다움을 의미하하는 여러 말의 바탕과 짜임을 살피며 같은 점과 다른 점을 따져봤습니다. 또 나침반을 들고 여러 분야를 두루 돌아봤습니다. 미(美)와 진(眞), 선(善)의 순서로 예술, 디자인, 자연, 사람에 해당하는 아름다움을 살폈습니다. 말마다 아름다움에 대한 개념이 조금씩 달랐고,

아름다움의 역할 ——————— 191

분야마다 아름다움에 대한 태도가 달랐습니다. 물론
그 나름의 이유와 목적이 있었습니다.

복습할 겸 다시 한번 돌아보죠. 첫째로 예술의
아름다움을 살펴봤습니다. 옛날 사람들은 벽과 기둥에
자신의 생각을 기록하고 소통했습니다. 수만 년 동안 의미
요소를 갖추고, 대칭과 비례를 통해 아름다움의 형식적
기준을 정립하고 활용하다가 현대에 이르러 추상 요소를
재발견합니다. 그림 요소에 의미가 사라진 덕분에
더 자유로운 편집과 다양한 형식을 만끽할 수 있었습니다.
현대 예술가들은 자유 형식에서 숭고를 느꼈습니다.
기존 문명의 전통을 해체하고, 새로운 문명의 억압에
강렬하게 저항하는 등 자신의 감정을 마음껏
기록해왔습니다. 특정 집단 전체를 대표하기보다는
집단 속 개인으로서 생각을 기록하고 있죠.

둘째로 디자인의 아름다움이 무엇인지 살펴봤습니다.
디자인 또한 추상 요소의 활용에서 비롯되었지만, 예술과
달리 자유를 만끽하기보다 새로운 아름다움의 규칙을
세우려 했습니다. 규칙을 통해 표준화, 규격화해서 생산과
생활의 아름다움으로 삼으려 했고요. 그래서 디자이너는
공적인 상황에 맞춰서 생각을 조절하고 조율하는 태도를

보이게 됩니다. 자유보다는 규칙, 문제 제기보다는
문제 해결에 중점을 둔 아름다움을 추구했죠. 디자인의
아름다움을 실현하는 데에는 디자이너 혼자의 힘으로
부족합니다. 되도록 많은 사람, 해당 문제와 연관된
여러 전문가가 머리를 맞대야 합니다. 그래야 대량 생산된
디자인이 대량 쓰레기로 버려지지 않으니까요.

　　셋째로 자연에서 아름다움의 보편적 기준을 찾았습니다.
근래에 성취한 과학적 성과를 고려해 아름다움에 대한
기준과 태도를 근본적으로 바꿔야 한다고 주장했습니다.
하지만 사람들에게 익숙한 프랙털 밀도(1.3)는 역사적으로
오래된 아름다움의 기준인 황금비와 별반 다르지
않았습니다. 과학적 법칙이 바뀌어도 사람의 유전적 관점은
크게 달라지지 않았음을 확인했죠.

　　마지막으로 사람의 아름다움을 살펴봤습니다.
삿된 이익보다는 공동체를 생각하는 사람, 경험과 덕성이
쌓여 모범이 되는 선(善)한 사람이 아름답다고 말했습니다.
더불어 인류 보편의 윤리인 황금률도 살펴봤습니다.
황금비(겉)와 황금률(속)을 아우르면 아름다움을 판단하는
보편적 기준이 되지 않을까 기대했습니다.

　　그러나 우리의 삶이 늘 그렇듯 기대는 물거품이 되고

아름다움의 역할 ———————

기준은 순식간에 무너집니다. 아름다움은 때로 규칙을 거부합니다. 현대 예술처럼 기준이 어긋나고 규칙이 깨질 때 아름다움이 찾아오기도 하니까요. 초기에 엄격했던 디자인 규칙도 시간이 지날수록 점점 느슨해졌습니다. 혁신과 창의성이 강조되고 과학자들도 아름다움의 보편적 기준을 인정하지 않게 되었죠. 다윈의 성 선택 가설처럼요.

아름다움은 분야마다 상반된 관점이 있습니다. 나침반 모형에서 보듯 아름다움의 관점는 모든 분야가 공유하는 절대적 공통분모가 없죠. 다른 분야를 거치는 우회적 소통만이 가능합니다. 예술과 디자인은 자연과 사람을 통해, 자연과 사람은 예술과 디자인을 통해 서로 아름다움을 교류할 수 있죠. 거꾸로 생각하면 아름다움은 절대적 기준이 없기에 그 자체로 다양성을 포용하고 있는지도 모릅니다. 그 덕분에 서로 모순된 관점들이 서로 배척하지 않도록 하나의 관계로 묶일 수 있는 것이죠. 다시 말해 분야마다 아름다움의 관점이 다르기 때문에 '아름다움' 이라는 말로서 분야들이 서로 존중하고 어울릴 수 있습니다.

우리는 특별히 자연과 사람을 만나게 해주는 미(美)의 양면성, 예술과 디자인을 주목할 필요가 있습니다. 20세기 이후 시대가 급격히 변화합니다. 새로운 기술과 표현이 등장하면서 예술 분야도 급격히 변화했습니다. 어떤 예술가들은 과거의 규칙에서 벗어나려고 노력했고, 또 다른 예술가들은 새로운 규칙을 찾으려 했습니다. 규칙을 찾으려는 노력은 과거 공예 분야를 넘어 '디자인' 이라는 새로운 개념과 분야를 만들어갔죠. 규칙이 있고 없음에 따라 예술과 디자인은 다소 상반된 관점을 보이게 되었습니다. 그렇게 현대 예술과 디자인의 아름다움, 자유로운 숭고적 아름다움과 규격화된 기능적 아름다움이 탄생했죠.

　　프로이트는 『문명 속의 불만』에서 예술은 문명에 억압된 야만성을 해소하는 역할을 한다고 주장했습니다. 억압된 감정, 비루한 폭력성이 강렬하고 독특한 작품을 만들어 냈습니다. 『공예문화(工藝文化)』에서 야나기 무네요시는 디자이너의 교양을 강조합니다. 예술가가 자유, 파괴, 강렬함에서 아름다움을 찾았다면, 디자이너는 절제하고 배려하는 마음, 자연스러움, 건강, 소박함에서 아름다움을 찾아야 한다고 주장했습니다. 우리는 아름다움에서 상반된 두 관점을 상호 배척하기보다 상호 보완하는 관계로 봐야 합니다. 마치 안과 밖의 관계처럼 어느 한쪽의 가치가 상실되면 다른 한쪽의 가치도

아름다움의 역할 ——————— 195

상실된다고 생각해야죠.

　　이번엔 '진·선·미'라는 틀에서 생각해 보죠. 진(眞)은
참과 거짓을 판단 합니다. 과학적 판단과 유사하죠. 미(美)는
취향의 좋고 싫음을 따집니다. 예술과 디자인이 여기에
해당하죠. 사람의 취향은 너무 다양해서 기준을 세우기
어렵습니다. 어떤 사람에게 좋은 것이 다른 사람에게는
싫은 것이 될 수도 있습니다. 고통과 슬픔이 담긴 현실에도
아름다움이 있습니다. 왜 그럴까요? 희망이 있기
때문입니다. 어제보다 나은 삶, 살아가야 할 미래에 대한
기대가 있으니까요. 이것이 바로 선(善)의 아름다움입니다.
선(善)은 탁월성에 대한 판단입니다. 현재를 살아가는
우리는 늘 미래가 불안합니다. 그래서 과거를 돌아보는
성찰이 생깁니다. 불안을 느끼는 순간, 스스로 '내가 지금
잘하고 있는 걸까?'라는 질문을 던지니까요.

　　사람은 성찰을 통해 성장합니다. 성장은 미래에 대한
기대에서 비롯됩니다. 진은 과거에 정립한 기준, 미는
현재의 과정, 선은 미래의 목적에 해당합니다. 그래서
아름다움은 성장과 직접 연관이 있습니다. 즉 아름다움을
느낀다는 것은 탁월한 목적을 위해 진실한 방법으로
좋은 삶을 만들어가는 성장 과정이라 볼 수 있습니다.

분열된 상태에 있던 진·선·미가 하나로 연결될 때
아름다움을 통해 성장을 경험합니다. 진미(眞美)에는
감각적 즐거움은 있겠지만, 윤리적으로는 불안정합니다.
타락한 탐욕이 그렇습니다. 탐욕을 칭찬할 수는 없습니다.
진선(眞善)은 도덕적으로 훌륭해도 감각적 즐거움이 없어
아쉽습니다. 아무리 훌륭한 인품이나 기능을 갖췄어도
매력이 없으면 아무도 관심을 보이지 않습니다. 아무도
관심이 없으면 아무 소용 없죠. 아름다움에는 진미(眞美)와
진선(眞善)이 모두 있어야 합니다. 그래야 제대로 성장할 수
있습니다.

　　성장은 과거에서 미래로 나아가는 과정입니다. 사실,
현재의 성장 욕구는 과거의 불만에 근거합니다. 과거의
불만과 현재의 욕구, 미래의 욕망은 모두 분열된 상태로
공존하죠. 그래서 사람은 늘 불안합니다. 이 분열과 불안
상태를 해소하려면 아름다움이 필요합니다. 아름다움이
분열되었던 것들을 결합해주니까요. 불만, 욕구, 욕망이
아름다움으로 연결되는 순간이 있습니다. 이 순간 과거의
불만과 현재의 욕구, 미래의 불안이 해소됩니다. 이때
우리는 찐(眞)한 아름다움의 감동을 경험합니다. 겉과 속이
일치되어 진·선·미가 하나로 연결되는 순간이죠. 우리는

아름다움의 역할 ————————

이런 아름다움에서 삶의 위로를 받습니다.

예술에서 살펴봤듯이 대칭과 비례를 중시한 형식적인 아름다움은 '새로운 기술'과 '추상 요소'라는 새로운 자극을 받아 숭고와 기능을 강조하는 자유로운 아름다움으로 거듭납니다. 아름다움에 대한 자율적 선택의 가능성이 커졌다고 할까요? 우리는 과거부터 쌓아온 경험이 정하는 기준에 따라 아름다움을 느낍니다.

그런데 이상하게도 기준에서 벗어난 새로운 무언가를 발견할 때도 아름다움을 느낍니다. 이런 아름다움은 사람의 삶에서 아주 중요합니다. 호기심을 자극하고 자신을 변화시킴으로써 성장할 계기를 마련해주니까요. 이런 점에서는 아름다움의 자율적 선택은 낡은 과거를 극복하고 새로운 미래로 나아가게 하는 삶의 동력이라 할 수 있습니다.

아름다운
삶과 죽음

오래된 예술품은 그 시대의 기록이자 흔적입니다. 우리는
오래된 예술품을 통해 과거의 생각과 생활양식을 짐작할
수 있죠. 이를 통해 과거부터 현재까지의 변화를 이해할 수
있고, 나아가 미래의 변화까지 예측할 수 있습니다. 사람의
기억은 다른 동물과 비교할 수 없이 깁니다. 항상 현재와
더불어 과거와 미래를 생각하죠. 게다가 기록까지 할 수
있기에 자신이 태어나기 전 먼 과거와 먼 미래까지 상상할
수 있죠. 심지어 죽음 이후의 세계도 상상할 수 있습니다.

　　모든 물건에는 그 나름의 기능이 있습니다. 기능적인
아름다움은 유용함을 추구합니다. 그래서 어떤 물건이
기능적인 아름다움을 갖추고 있으면 반드시 사용하게
됩니다. 사용이 끝나면 언젠가 사라지죠. 과거 일상에서
사용했던 생활용품들은 이미 대부분 사라졌습니다.
그런데도 여전히 살아남은 것들이 있습니다. 사용이

끝났지만, 폐기되지 않고 계속 보관되었던 것이죠. 그 이유
또한 아름다움입니다. 유용함을 초월한 어떤 아름다움이
있는 것입니다.

　　유물이 오랫동안 살아남는 것은 아름다운 것을 소중히
하는 마음 덕분입니다. 유물은 단순히 과거의 물건이
아닙니다. 과거부터 현재까지 긴 세월 그 아름다움이 된다는
점에서 그것을 지켜온 사람들의 역사 자체입니다.

　　아름다움에는 사용성만이 아니라 지속성을 유지하는
힘이 있습니다. 이 지속성은 개인의 취향보다 공동체 전체가
지키는 어떤 숭고의 태도입니다. 현대인들은 아름다움이
각자의 마음에 달렸다고 생각합니다. 개인 취향이 강조되는
오늘날에는 누구에게나 자신만의 아름다움이 있습니다.
개인에게 공동체의 아름다움을 강요할 수 없죠. 그래서
아름다움에 대해 이러쿵저러쿵하면 "그만해, 내 아름다움은
내가 알아서 해!"라며 짜증을 낼 수도 있습니다. 하지만
내심 불안합니다. 슬쩍 다른 사람들의 눈치를 봅니다.
아름다움에 대해 자기 줏대가 확고하지 않기 때문이죠.
자신이 믿는 아름다움에 자신이 없다고 할까요.

　　아름다움은 당연히 각자의 느낌과 밀접합니다만,
곰곰이 따져보면 꼭 그렇지만도 않습니다. 아름다움은 안과

밖의 어울림이기에 아름다움의 기준은 내 안만이 아니라 내 밖에도 있습니다. 새로운 호기심을 자극하는 것처럼 말입니다. 내 안의 기준이야 내 마음대로 정할 수 있지만, 내 밖의 기준은 그럴 수 없습니다. 그래서 아름다움은 전적으로 나만의 소유가 아닙니다. 내 안의 줏대와 내 밖의 잣대가 서로 영향을 주고받습니다.

아름다움은 안과 밖의 상호적 어울림입니다. 죽음은 상호성의 상실입니다. 아름다움은 상호적 감각에서 비롯하므로 어느 한쪽이 죽는다는 것은 아름다움이 사라진다는 말과 같습니다. 아름다움이 나만의 것이 아니듯이 죽음도 나만의 것이 아님을 알아야 합니다. 우리 시대 죽음은 아름다움과 같은 처지에 있습니다. 아름다움이 주관적으로 인식되는 것은 죽음이 그렇게 되어서가 아닐까 싶습니다. 요즘은 삶에 지쳐 스스로 죽음을 택하는 사람이 많습니다. 내 목숨이니 내 마음대로 할 수 있다고 생각하죠. 하지만 내 밖의 사람들이 그 죽음으로 느끼는 고통과 슬픔은 내가 통제할 수 없습니다. 자신만이 아니라 주변 사람들을 위해서 나의 목숨을 함부로 해서는 안 되겠죠. 한 사람의 목숨은 개인의 것이 아니라 그와 관련된 사람들의 것이기도 하니까요.

아름다움의 역할 —————— 201

죽음을 애도하는 기간이 점점 짧아집니다. 과거에는 '사십구재(四十九齋)'니 '삼년상(三年喪)'이니 하며 죽음을 애도하는 기간이 길었습니다. 지금은 사나흘이면 족합니다. 죽음에 대한 의식, 관례, 예의가 점차 사라집니다. 삶이 아름답지 않으면 삶을 지속할 의지도 사라집니다. 생각해보면, 아름다움의 기준이 빨리 변하는 것과 죽음을 경시하는 태도는 서로 연관이 있는 것 같습니다.

어쩌면 죽음을 경시하는 것이 아니라 외면하는 것인지도 모릅니다. 자신이 죽는다는 사실을 알면서도 모른 척하죠. 혹시 새로운 기술이 영생을 주지 않을까 기대합니다. '나는 죽으면 어떻게 될까?' '죽음 뒤에는 무엇이 있을까?' 하고 묻던 과거의 신자들과 달리 죽음 이후의 세계를 두고 심각하게 고민하지 않습니다. 그저 '죽으면 끝'이라고 생각합니다. 물론 누구도 이런 질문에 답을 줄 수 없습니다. 그렇다고 아무 말도 하지 말아야 하는 것은 아닙니다. 누군가는 죽음에 대해 말해야죠. 말하지 않으면 두려움만 커지니까요. 죽음을 외면하기보다 더 많이 생각해서 죽음의 두려움을 극복하는 편이 좋습니다. 강박증 환자가 강박하는 대상에 익숙해져야 하듯이 말입니다.

현대인은 죽음보다 삶에 더 집착합니다. 많은 매체가

미래의 죽음을 감추고 현재 삶을 과장합니다. 자본주의는 감각 부풀리기에 몰두하고, 소비자들은 더 자극적인 감각을 찾아다닙니다. "한 번 사는 인생, 죽으면 다 소용없으니 죽기 전에 마음껏 즐기자!" 현대인은 과거나 미래를 고려하기보다는 '현재'라는 함정에 빠져 있습니다. 지속성보다는 현재의 자극적인 감각을 중시합니다. 비슷한 경우가 과거에도 있었습니다. 고대의 한 철학자는 '현재를 만끽하라'는 뜻으로 알려진 '카르페 디엠(Carpe Diem)'이라는 말을 남겼습니다. 로마의 시인 호라티우스(Flaccus Quintus Horatius, BC 65-8)의 시에서 비롯한 이 표현은 '바로 이 날(dieme)을 잡으라(carpe)'는 뜻입니다. 과거는 이미 지나간 시간이니 존재하지 않고 미래는 아직 오지 않은 시간이니 존재하지 않습니다. 그러니 돌이킬 수 없는 과거에 집착하거나 아직 오지도 않은 미래에 연연하지 말고 현재를 충실히 살라는 교훈입니다.

　　카르페 디엠을 지향하는 현대인들은 오락에 몰두합니다. '죽음'이라는 허무를 피해 의미 없는 오락에 빠져 자신이 현재의 삶을 마음껏 즐긴다고 착각하죠. 하지만 이 또한 죽음의 한 유형일 뿐입니다. 의미 없는 감각에 몰두함으로써 자신의 과거와 미래를 죽이는 것이죠. 마치 술이나 마약에

취해 과거와 미래를 잊듯이 말입니다. 죽음을 피하려던 행동이 감각의 중독을 불러오고, 결국 자신의 미래를 파괴합니다.

감각이 나를 지배하면 '나'라는 생각의 주체가 사라집니다. 죽음을 잊으려고 몰두한 술과 마약, 자극적인 오락이 '나'라는 존재를 상실하게 하고, 살아 있지만 사실상 죽은 상태가 되게 하는 것이죠. 즉 감각이 너무 부풀려진 현재의 아름다움에 중독되어 과거와 현재, 미래가 연결되는 지속 가능한 아름다움을 잃게 되는 것입니다.

미술사를 보면 과거의 예술품이 대개 종교와 관련되어 있음을 알 수 있습니다. 대부분 죽음을 성찰하는 종교적인 내용입니다. 구석기 동굴 벽화에는 동물 신이 그려졌고, 이집트 문명의 유적과 유물은 대부분 무덤과 신전에서 출토되었습니다. 왕이나 사제의 업적을 기록할 때는 항상 자신이 모시는 신과 함께합니다. 천사와 성인 등 초월적 존재들은 건축과 조각에서 중요한 모티브였습니다. 우상 숭배를 금지했던 이슬람의 사원에는 신을 상징하는 화려한 패턴과 무늬가 있습니다. 힌두교와 불교 사원에 있는 불상들은 말할 것도 없죠. 고대부터 중세까지의 작품에는 종교 이야기가 대부분입니다. 죽음을 초월한 신은 언제나 권력자들과 가장 가까운 존재였죠. 왜 이들은 종교에 이토록 집착했을까요? 혹시 삶과 상호작용하는 죽음의 사라짐이 두려웠기 때문은 아닐까요?

파스칼에 심취했던 일본의 현대철학자 미키 기요시 (三木淸, 1897 – 1945)는 『파스칼의 인간 연구(パスカルに於ける人間の硏究)』에서 삶과 죽음에 대해 성찰합니다. 그는 죽음의 두려움에서 벗어나기 위해서 오히려 죽음을 긍정하는 것이 좋다고 판단합니다. 기요시는 파스칼처럼 확률적 신에 의지하기보다 함께 살았던 사람들에게 의지합니다. 삶의 세상과 죽음의 세상이 공존하고 있어 현재의 삶에 함께하던 사람들이 죽으면 죽음의 세상으로 가서 살고 있다고 믿습니다.

나이가 들면 슬슬 주변 사람들이 죽음의 세상으로 갑니다. 사랑하는 가족과 친구들이 모두 죽음의 세상으로 가면 점점 외로워집니다. 죽어야만 죽음의 세상으로 간 그리운 사람들을 만날 수 있습니다. 이렇게 생각하면 죽음이 그다지 두렵지 않습니다. 죽는다는 것은 그리운 사람들을 만나러 가는 것이니까요.

죽음 이후의 세상을 긍정하면 죽음의 두려움에서 벗어날 수 있습니다. 더불어 삶에 대한 소중함도 느끼게

아름다움의 역할 ——————— 205

됩니다. 죽음을 부정하고 현재의 삶만을 강조하면 즐거운 삶을 살아갈 수 있겠지만, 불안이 점점 커집니다. 나이가 들수록 마음도 조급해지죠. 이를 잊으려고 현재의 쾌락에 더욱 탐닉해서 죽음을 재촉합니다. 삶에 대한 집착이 오히려 죽음을 앞당기죠.

반대로 죽음 이후를 수용하면 삶에 대한 집착에서 벗어날 수 있습니다. 현재를 더 충실하게 살아야 한다는 의지가 생깁니다. "죽음 이후는 끝이 아니다. 비록 육체는 썩지만, 정신적 삶은 여전히 이어진다. 그것이 이세상이든 저세상이든. 만약 지금 잘 살면 죽음 이후가 좋고 잘못 살면 죽음 이후에 대가를 치를 수 있다. 그러니 지금 잘 살려고 노력해야 한다."라고 생각하게 될 것입니다. 그러면 죽는 순간까지 삶에 대한 희망을 품을 수 있습니다. 죽음 이후에 가족과 친구를 만났을 때 떳떳해야 하니까요. 죽음 이후의 세상에서 만나는 사람들에게 떳떳해지려고 현재의 삶을 더욱 긍정하게 됩니다.

죽음에 대한 열린 태도가 더 좋은 삶을 살아가는 데 매우 중요하다고 생각합니다. 종교가 그래왔듯이 죽음을 아름답게 가꿔야만 삶도 아름다워진다고 믿습니다. 과거 사람들은 죽음 이후의 세상을 긍정했기에 아름다운 예술품을 통해 죽음을 표현했습니다. 그 덕분에 문명과 문화가 지속할 수 있었을 것입니다. 이런 점에서 삶과 죽음의 어울림에 대한 긍정적 태도는 지속 가능한 아름다움과 밀접한 관련이 있습니다.

아름다움의 역할 ———————

아름과
앎

『아름다움의 정의로움(*On Beauty and Being Just*)』을 쓴
스웨덴 철학자 일레인 스캐리(Elaine Scarry, 1946–)는
삶에서 누리는 아름다움의 중요성을 강조합니다.
아름다움이 우리에게 어떤 대상을 주목하도록 이끌어
살려는 의욕을 품게 한다는 것입니다. 예를 들어 소개팅에
나갔다고 가정해봅시다. 서로 매력을 느끼면 상대방에 대해
더 알고 싶어집니다. 이와 반대로 매력을 느끼지 못하면
상대방에 대한 호기심도 없습니다. 어느 한쪽은 매력을
느끼는데 다른 한쪽이 그러지 않으면 위계질서가
형성됩니다. 매력적인 사람은 강자가 되고, 매력을 느끼는
사람이 약자가 됩니다.

　　보통 사람은 자신을 중심으로 생각합니다. 그래서 항상
어떤 대상에 대해 우월감을 품고 있죠. 하지만 우월감이
있는 사람도 아름다운 대상을 만나면 자연스럽게 자신을

낮추게 됩니다. 아름다움을 계기로 자신을 낮추게 됨으로써 우월감을 버리고 겸손해집니다. 나와 아름다운 대상 사이에 수평적인 관계가 형성되는 것이죠. 그래서 스캐리는 아름다움이 정의로움과 관련 있다고 주장합니다.

　　소개팅 이야기를 좀 더 해보죠. 처음 만날 때는 서로 외모만 보게 됩니다. 만약 상대방 외모에 매력을 느끼면 그 자리가 더 지속하기를 바랍니다. 상대방을 조금 더 보고 싶고, 조금 더 알고 싶으니까요. 아름다운 외모 덕분에 호기심이 생긴 것이죠. 지금 기분이 어떤지, 취향은 어떤지, 성격은 어떤지 등등 상대방의 모든 것이 궁금해지죠. 아름다움을 느끼는 사람은 적극적으로 다가갈 것입니다. 처음에는 겉모습에서 아름다움을 느끼지만, 관계가 깊어질수록 내면의 아름다움이 궁금해집니다. 겉과 속이 모두 마음에 들어 깊이 사랑하는 사이가 되면 상대의 외모가 추해지더라도 아름다움이 지속할 수 있게 되죠.

　　페미니즘 사회운동가 벨 훅스(Bell Hooks, 1952 -)는 『올 어바웃 러브(*All About Love*)』에서 '사랑은 함께 성장하는 관계'라고 말합니다. 아름다움의 인식에서 시작된 사랑은 자신을 성장시키는 동력이 됩니다. 이런 관점은 앞서 스캐리가 언급한 아름다움과도 연결됩니다.

아름다움의 역할 ──────────

아름다움은 자신을 약자가 되게 함으로써 자신의 부족함을 깨닫게 하니까요.

실제로 우리는 아름다움을 느낄 때 성장합니다. 그리고 성장 과정에서 새로운 아름다움을 발견합니다. 그래서 아름다움을 찾는다는 것은 성장하고 싶은 마음이 있다는 증거입니다. 성장하려면 먼저 아름다움에 대한 열망이 있어야 하니까요. 사람은 자기가 가지지 못한 것에 매력을 느낍니다. 아름다운 대상을 만났다는 것은 자신의 약함을 발견했다는 의미이기도 합니다. 이를 계기로 자신의 부족한 부분을 채우고 성장함으로써 아름다운 대상처럼 되고 싶어집니다.

사람은 사람답게 살아야 한다고 합니다. 이때 '사람다움'은 '사람'이라는 낱낱의 '나=아름'에서 비롯합니다. 낱낱의 아름과 더불어 사람다움을 추구했던 서양의 대표적인 사상가는 소크라테스입니다. 플라톤의 『향연』에는 여러 면에서 아름답다고 여겨지던 알키비아데스(Ἀλκιβιάδης, BC 450-404)가 소크라테스를 질투하는 장면이 나옵니다. 소크라테스의 외모는 추했다고 합니다. 그런데도 그는 고대 그리스 사회에서 가장 아름다운 사람으로 평가됩니다.

소크라테스는 철학적 관심의 대상을 자연에서 사람으로 옮겨갔습니다. 당시 그리스인들은 자연의 원리에서 세상의 원리를 찾으려 했지만, 소크라테스는 사람의 말에서 세상의 원리를 찾았습니다. 사람의 말을 바탕으로 '어떻게 살아야 하는가'를 묻고 따졌죠. 그는 '너 자신을 알라'라는 델피 신전의 문구를 즐겨 인용했습니다. 본래 이 말은 죽음을 피할 수 없는 사람의 한계를 지적한 것입니다. 그런데 소크라테스는 이 말을 자신이 모른다는 사실을 깨달으라는 의미로 말했습니다. 소크라테스는 자신의 한계와 부족함을 깨달음으로써 자신을 아름답게 만들 수 있는 태도를 갖추고 있었습니다.

중국 사상의 바탕을 다진 공자도 비슷한 취지의 말을 했습니다. 제자인 자로(子路, BC 542－480)가 '안다는 것이 무엇입니까?'라고 묻자, '모르는 것을 모른다고 인정하는 것이다(不知爲不知)'라고 대답합니다. '자신이 모른다는 사실을 아는 것'이 아는 것이라는 의미죠. 인문학자 신영복 선생은 '아름다움의 반대말은 모름다움'이라고 하셨습니다. 다소 어색한 주장이지만 '아름'이 앎이라는 핵심을 잘 포착했죠.

서양 말과 중국말도 아름다움에서 느낌을 강조합니다.

아름다움의 역할 ————

마취는 영어로 anesthesia입니다. 희랍어로 부정을 뜻하는 an(＝negative)과 느낌을 뜻하는 aisthesis(＝sensation)의 합성어죠. 느낌을 뜻하는 희랍어는 미학의 영어식 표현 aesthetics와 유사합니다. 아름다움은 느낌에서 비롯된다는 의미죠. 중국말도 마찬가지입니다. 송나라 유학자 정명도(程明道, 1032-1085)는 느끼지 못하는 상태를 '불인(不仁)'이라고 했습니다. 중국 사상에서 인(仁)은 공감, 나눔 등 사랑의 느낌을 의미합니다. 사랑이 이루어지려면 먼저 상대방의 매력을 느껴야 하죠. 그래야만 앎이 생기니까요.

앎은 느낌에서 비롯하지만, 느낌도 앎의 영향을 받습니다. 만약 오지의 원주민에게 베토벤(Ludwig van Beethoven, 1770-1827)의 교향곡 「운명(*Schicksalssinfonie*)」을 들려주면 어떤 반응을 보일까요? 아름다운 선율에 심취할까요? 아마 소리가 어색할 것입니다. 또 원주민들에게 『성경』의 한 구절을 묘사한 그림을 보여주면 어떤 반응을 보일까요? 현대의 추상표현주의 작품을 보면 무엇을 느낄까요? 아마도 원주민들은 그 시대의 문명과 문화에 익숙한 사람들만큼 아름다움을 느끼지 못할 것입니다. 왜냐면 그들에게는 서양 사람들의 알과 말, 즉 앎이 없기 때문입니다. 베토벤이 교향곡 「운명」을 작곡할 때 귀가

아름. 다움,

들리지 않았다는 사실도, 기독교의 상징적 의미도 모를 테니 어떤 감동이 생기기 어렵겠죠.

아름다움은 느낌과 앎이 소통하는 과정에서 생깁니다. 이 과정을 통해 일체감이나 공동체 의식도 생깁니다. 폭력을 업으로 삼는 무사들도 자신의 무훈을 기리는 시나 그림을 보면 아름다움을 느낍니다. 폭력이 아름다움으로 승화된 경우죠. 느낌이 앎에 앞선다면 프로이트의 말대로 강렬함이 예술의 본능이 될 수 있습니다. 느낌에서 앎이 비롯하는 경우죠. 반면에 앎이 느낌을 통제하기도 합니다. 공동체가 잘 형성된 학교나 교회에서는 험상궂고 낯선 사람도 친근하게 느낍니다. 앎이 느낌에 앞서기 때문이겠죠. 이렇듯 아름다움에는 낱낱의 '아름'들을 느낌과 앎으로서 서로 연결하는 힘이 있습니다. 그 방향이 한 사람의 느낌에서 비롯하든, 문화적 앎에서 비롯하든, 모두가 하나로 연결되는 동질감을 자각하게 해줍니다.

아름다움의 역할 ———————— 213

아름에서
다움으로

아름다움은 내 안의 '아름'이 다 이루어져 내 밖의 것들과
어울리는 '다움'이 되는 것입니다. 다움이 되려면 먼저
'하고 싶음'과 '되고 싶음'이 있어야 합니다. 선생님이 되려면
먼저 공부가 하고 싶어야 합니다. 공부를 잘하면 선생님이
되겠죠. 이때 비로소 선생다움이 시작됩니다. 공부와
선생님처럼 하고 싶은 것을 이루는 '함'과 되고 싶은 것으로
이루는 '됨'은 결과가 분명합니다.

　　반면에 다움은 결과가 모호합니다. 선생다움의 기준은
사람마다 제각각이니까요. 어떤 사람은 많이 아는 것이
선생님답다고 말하고, 또 어떤 사람은 내용을 잘 전달하는
사람이 선생님답다고 말합니다. 또 어떤 사람은 모범적인
사람이 선생님답다고 말하죠. 이 세 가지 다움은 선생님이
갖춰야 할 각기 다른 소양입니다. 선생님이 다양한
선생다움을 모두 충족하려면 지속적인 노력이 필요합니다.

그래서 다움은 결과보다 과정이 강조된 말입니다. 다움은 뚜렷한 기준이 없기에 늘 다음이 있죠.

다움은 개인의 노력만으로 이룰 수 없습니다. 선생다움은 자기만이 아니라 다른 선생님과 학생들, 학부모들이 함께 평가하는 것입니다. 선생님과 함께하는 모든 사람의 인정을 받아야 비로소 선생다움에 이를 수 있죠. 그래서 다움은 개인보다는 공공(公共)의 문제입니다. 옛날 천자문에서 공(公)을 '그 위 공(公)'이라 풀었습니다. 우리에게 공공(公共)은 '함께하는 그 위'를 말합니다.

우리말 '아름다움'은 개인의 취향이 공공의 취향으로 승화하는 과정을 담고 있습니다. 낱낱의 아름에는 각자의 노력과 줏대로 이를 수 있지만, 공공의 다움에 이르려면 반드시 공동체가 공유하는 기준이 필요합니다. '나의 아름'이 '우리의 다움'이 되려면 다른 사람이 나의 아름다움을 인정해야 합니다. 나의 아름다움이 인정 받으려면 먼저 나와 함께하는 사람들이 어떤 아름다움을 원하고 바라는지 알아야 합니다. 그래야 호기심을 자극해 새로운 아름다움의 경험을 공유할 수 있으니까요.

아름다움은 일종의 경험입니다. 우리는 흔히 '경험을 많이 쌓으라'고 조언합니다. 경험을 쌓기의 대상으로 삼습니다. 우리는 대체로 큰 것을 좋아합니다. 벽돌을 많이 쌓아서 큰 집을 짓듯이 경험을 많이 쌓아서 큰 경험을 이룬 사람을 좋아합니다. 한국사람은 큰 경험을 이룬 사람을 큰 사람으로 여겼습니다. 우리는 덕(德)을 '큰 덕(德)' 이라고 풀었습니다. '덕을 쌓는다'는 것은 '경험을 쌓는다'는 것과 같은 의미입니다. 되도록 크게 되는 것을 추구하죠. 올바르게 잘 쌓인 '경험＝덕'은 쉽게 무너지지 않습니다. 튼튼하고 아름답죠. 이 아름다움이 바로 리더의 소양입니다. 그래서 동양 선비들은 꾸준히 덕을 쌓는 성실함을 강조했습니다.

성실함을 『중용(中庸)』에서는 '성(誠)'이라고 말합니다. 흥미롭게도 이 글자의 짜임은 '말의 완성(言＋成)'입니다. 사람의 경험은 말로 환원됩니다. 느낌이 얼이 되고, 얼이 넋이 되고, 넋이 알이 되고 말이 되면서 앎이 만들어집니다. 경험이 말이 되어 아름이 다움으로 나아가는 과정입니다. 그래서 아름다움은 결국 말의 문제입니다. 자신이 경험을 어떤 말로 여기느냐에 따라 아름다움의 경험이 완전히 달라집니다.

말씀은 '말＋쌓음'으로 말을 쌓는다는 의미입니다. 말을 제대로 쌓아야만 논리적인 말씀이 됩니다. 말을 논리적으로

아름. 다움,

해야 이해하고 소통할 수 있습니다. 말을 논리적으로
잘 쌓으려면 많은 경험과 생각이 필요합니다. 꾸준히 경험을
쌓고 논리적인 말을 하려면 삶에 대해 즐겁고 성실한 태도를
보여야 합니다. 즐거움은 즉각적인 쾌락을 추구하고,
성실함은 미래의 이익을 기대합니다. 요즘은 아름다움에서
즐거움과 성실함의 중요성을 생각하곤 합니다. 우리가
살펴봤듯이 아름다움의 기준은 다양하고 변별적입니다.
다양한 관점에서 아름다움을 발견하고 구현하려면
즐거움과 더불어 성실함이 요구됩니다.

　　그런데 요즘은 모든 것이 너무 빠르게 변하는 탓인지
성실함보다 즉각적인 즐거움만을 추구하려는 경향이
있습니다. 성실함의 가치를 고의로 무시하거나
깎아내립니다. 성실한 노력을 '노오~력'이라는 말로
비아냥거리기도 합니다. 전문 예술 분야도 사진기술의
발전과 더불어 추상적 요소가 등장하면서 소묘에 기울이던
성실함이 의미 없게 되었습니다. 성실한 표현보다는
기발한 아이디어와 자극적인 표현에 더 주목하는 세상이
된 것이죠.

　　하지만 최근 예술 경향에서 성실함이 다시 부상하고
있다는 인상을 받습니다. 몇몇 인상적인 작가의 성공

아름다움의 역할 ———————

비결도 성실함에 있습니다. 미디어아티스트 정연두(鄭然斗, 1969 –) 작가는 하나의 작품을 만드는 과정에서 여러 해에 걸쳐 여러 사람을 인터뷰합니다. 한 사람의 생각을 읽는 데 많은 시간을 투자하기도 합니다. 충분히 대화하고 나서 사람들의 이야기를 작품으로 승화시킵니다. 사진과 동영상 촬영에 들이는 시간은 순간이지만, 그 순간을 만들고자 이렇게 여러 해 공을 들입니다. 이런 작가들은 '빨리빨리'를 장려하는 자본주의 세상에서 느리고 성실하게 작품 활동을 하고 있습니다. 그러면서 항상 가장 먼저 도달점에 이르죠. 마치 토끼에게 이긴 거북이처럼요.

물론 성실함만큼이나 즐거움도 중요합니다. 두 마리 토끼를 모두 잡아야 하죠. 사실, 성실하려면 먼저 즐거워야 합니다. 즐거운 아름이 이루어져야 성실한 다움으로 나아갈 수 있으니까요. 아름다움을 인식할 때 즐거움에서 성실함으로 가는 이 흐름은 아주 중요합니다. 대량생산과 대량소비 시대에 우리는 너무 쉽게 가치를 얻습니다. 쉽게 얻은 만큼 쉽게 버립니다. 그래서 쓰레기가 넘쳐나죠. 과정의 즐거움이 없으니 결과에 대한 성실함도 없는 것입니다. 물질적으로 풍요롭지만, 가치 면에서 너무도 빈곤하죠.

아름다움이 우리에게 주는 교훈은 가치가 '소유하는 것'이 아니라 '즐기는 것'이라는 사실입니다. 가치를 즐기려면 시간과 노력이 필요합니다. '모른다'는 사실을 자각하는 순간, 새로운 앎이 찾아옵니다. 즐거운 경험이 쌓이면서 아름의 겉[美]과 속[善]이 하나가 되어 참됨의 '진(眞)=참다움'이 만들어집니다. 우리는 이 앎을 통해 대상과 현상에서 깊은 아름다움을 발견할 수 있습니다.

『논어(論語)』의 첫 구절은 '학이시습지불역열호(學而時習之不亦說乎) 유붕자원방래불역락호(有朋自遠方來不亦樂乎) 인불지이불온불역군자호(人不知而不慍不亦君子乎)' 입니다. 첫 번째 문장은 '깨달은 것을 때때로 익히면 기쁘지 아니한가'입니다. 학(學)을 보통 '배울 학(學)'이라고 말하는데 우리말에서 배움은 '몸에 밴다'는 의미입니다. 몸에 배려면 먼저 익히는 과정이 필요하기에 이 풀이는 다소 어색합니다. 그래서 최봉영은 학(學)은 '배울 학(學)'이 아니라 '깨달을 학(學)'으로 풀어야 한다고 말합니다. 먼저 깨달음(學)이 있고 나서 익힘(習)의 노력이 따르는 것이죠.

두 번째 문장은 '함께 공부하는 친구가 찾아와 어울리면 즐겁지 아니한가'입니다. 공자는 혼자 깨닫고 익히는 것만이 아니라 함께 공부하는 사람들과 어울릴 때 공부가 즐겁다고 생각했습니다. 마지막 문장은 '사람들에게 인정받지 못해도 원망하지 않아야 군자라 말할 수 있지 않은가'라고 말합니다. 나의 앎이 다른 사람의 인정을 받으면 좋겠지만, 그러지 못하더라도 그것에 얽매이지는 말자는 취지죠.

　『논어』의 문장이 말하듯 공자는 깨닫고 익히고 배우는 아름(앎)의 과정에서 기쁨을 찾았고, 두 번째로 친구들과 함께 공부하는 데서 즐거움을 찾았습니다. '군자다움'으로 인정받는 것은 세 번째 문제였죠. 이 과제는 혼자서 이루기 어려우니까요.

　공자와 제자들의 대화를 하나 더 소개하면, 오랜 방랑 생활로 지친 공자는 제자들에게 이런 질문을 합니다. "우리는 코뿔소도 호랑이도 아닌데, 왜 정착하지 못하고 광야에서 이리 방황하는가?" 먼저 자로가 묻습니다. "우리가 어질지 못해서 세상이 우리를 몰라보는 것 아닐까요?" 공자는 상(商)나라 말기 군주의 의리를 끝까지 지킨 백이(伯夷)와 숙제(叔齊)의 예를 들며 어진 사람도 세상이 몰라줄 수 있다고 대답합니다. 이번에는 현실적인 자공(子貢, BC 520?-456?)이 대답합니다. "우리 자신의 도(道)를 조금 낮추면 어떨까요" 이 말을 들은 공자는 화를 내며 자공을 나무랍니다. 마지막으로 안회(顔回, BC 521? - 491?)가 대답합니다. "우리가 받아들여지지 않는 것이 문제가 아니라 도를 갖춘 인재를 중시하지 않는 군주가 문제입니다."라며 "남이 우리를 알아주기를 바라기보다는 우리 스스로 부족함을 깨닫고 더욱 정진해야 합니다."라고 말합니다. 이 말을 들은 공자는 크게 기뻐합니다. 논어의 다른 대화편에선 공자는 이렇게도 말합니다. "남들이 나를 알아보지 못함을 걱정하지 말고, 내가 남을 알아보지 못함을 걱정하라(不患人之不己知 患不知人也)."

참된 아름다움은 내 안과 내 밖이 일치할 때 태어납니다. 사람은 생각으로 나를 여럿으로 분리할 수 있습니다. 그래서 반성적 성찰이 가능합니다. 참된 아름다움이 되려면 먼저 내 안에 있는 다양한 나의 아름다움이 일치해야 합니다. 남의 눈치를 보기에 앞서 자신에게 정직해야 합니다. 스스로 아름답다고 생각하면 그 자체로 기쁘고 즐거운 일입니다. 하지만 여기에 그쳐서는 아쉽습니다. 당연히 남의 인정을 받고 싶죠. 그러려면 자신을 뛰어넘어야 합니다. 먼저 자신에게 떳떳해야 하고, 그다음 나를 넘어 너를 알아보려는 태도를 보여야 합니다. 즉 남을 인정함으로써 나도 인정받게 됩니다. 이것이 바로 '다움'의 실천입니다.

아름다움의 역할 ——————— 221

공부가 기쁘고 즐거운 것은 몰랐던 것을 알게 되기 때문입니다. 평소에 인식하지 못했던 것을 새롭게 발견하고 친구들과 어울려 공유함으로써 아름의 기쁨과 즐거움을 느끼고 남이 성실함을 인정해줄 때 다움의 보람을 느낍니다. 이처럼 '아름＋다움'은 사람이 새로운 것을 배우고 어울리고, 이를 다른 사람들에게서도 인정받음으로써 생기는 감정입니다. 이런 아름다움의 경험이 쌓일수록 더 많은 것에서 아름다움을 발견할 수 있습니다.

지금까지 아름다움의 다양한 측면을 살펴봤습니다. 짧게 요약하면, 겉에서 보는 아름다움은 호기심을 불러 일으킵니다. 호기심은 삶에 의욕을 불러옵니다. 삶의 의욕은 현재의 즐거움을 느끼게 해서 미래에 대한 불안을 걷어줍니다. 심지어 죽음의 두려움마저 극복하게 해줍니다. 이 즐거움이 성실하고 꾸준히 이어질 때 사람다운 삶을 살 수 있습니다. 이렇게 아름다움이 호기심과 의욕과 두려움을 넘어 사람다움으로 나아가는 것이죠.

이제 아름다움에 관해 할 말을 다 한 것 같습니다. 여기까지 오니 『신곡』에서 단테를 지옥에서 연옥으로 안내하고, 천국의 문 앞에서 베아트리체에게 인계한 베르길리우스(Publius Vergilius Maro, BC 70-19)가 생각납니다. 베르길리우스의 심정이 이랬을까요?
단테와 베아트리체의 뒷모습을 지켜보는 마음, 제 역할도
여기까지입니다. 아무래도 저는 여러분의 아름다운 천국까지
동행하기는 어렵습니다. 이 천국의 영역은 여러분의 몫으로
돌리겠습니다.

　　돌아서려니 문득 나침반에 작게 쓰인 '침묵'이라는
글자가 눈에 띕니다. 아마도 이 침묵에 제가 다루지 못한
아름다움의 개념과 관점, 인식하지도 생각하지도 못했던
아름다움이 숨어 있을지 모른다는 생각이 드네요.
어쩌면 그 아름다움은 우리가 가장 잘 안다고 생각하지만,
가장 잘 모르고 있고, 가장 익숙하면서도 가장 어색한
나 자신이 아닐까요? 만약 우리가 가장 사랑하는 것을 가장
아름다운 것으로 여긴다면, 그것은 아마도 나 자신일
것입니다. 가장 아름다운 것은 위대한 예술 작품이나
모범적인 사람 등 내 밖에서 찾을 것이 아니라 내 안에서
찾아야 할지도 모릅니다. 결국, 모든 아름다운 대상과
언제 어디서나 함께하고 있는 것은 나 자신이니까요.
　　자, 그럼 눈을 감고 내 안에 숨어 있는 침묵의
아름다움을 찾아보세요. 내게 있는 아름다움의 가능성과
더불어 지금 나와 함께 어울리는 것들의 아름다움을

아름다움의 역할 ——————— 223

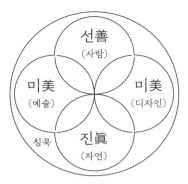

선善
(사람)

미美
(예술)

미美
(디자인)

침묵

진眞
(자연)

224 ——————— 아름. 다움,

생각해보세요. 그것들이 있기에 나 자신이 존재한다는 생각이 드나요? 공기처럼 눈에 보이지도 않고, 귀에 들리지도 않지만, 침묵하면서 늘 내 곁에 있는 것들, 비록 내 곁에는 없지만 지금 나와 함께 존재하는 모든 것도 있습니다. 함께 존재하는 것들이 있기에 내가 살아갈 수 있다는 고마움을 느끼는 순간, 이 고마움의 순간이 가장 큰 아름다움을 발견할 때가 아닐까 싶습니다. 고맙습니다.

참고 문헌

1 『감히, 아름다움』 김병종, 김혜순, 안상수, 최재천 외 9명 지음, 이음, 2011

2 『국가』 플라톤 지음, 박종현 옮김, 서광사, 2005

3 『공자, 잠든 유럽을 깨우다』 황태연, 김종록 지음, 김영사, 2015

4 『극단의 시대_상』 에릭 홉스봄 지음, 이용우 옮김, 까치, 1997

5 『극단의 시대_하』 에릭 홉스봄 지음, 이용우 옮김, 까치, 1997

6 『난생 처음 공부하는 미술 이야기 1』 양정무 지음, 사회평론, 2016

7 『난생 처음 공부하는 미술 이야기 2』 양정무 지음, 사회평론, 2016

8 『난생 처음 공부하는 미술 이야기 3』 양정무 지음, 사회평론, 2017

9 『난생 처음 공부하는 미술 이야기 4』 양정무 지음, 사회평론, 2017

10 『낭만주의의 뿌리』 이사야 벌린 지음, 강유원, 나현영 옮김, 이제이북스, 2005

11 『동양과 서양, 그리고 미학』 장파 지음, 유중하, 백승도, 이보경, 양태은, 이용재 옮김, 푸른숲, 1999

12 『미학강의』 오병남 지음, 서울대학교출판문화원, 2017

13 『문학과 예술의 사회사 1』 아르놀트 하우저 지음, 반성완, 백낙청, 염무웅 옮김, 창비, 2016

14 『문학과 예술의 사회사 2』 아르놀트 하우저 지음, 반성완, 백낙청, 염무웅 옮김, 창비, 2016

15 『문명 속의 불만』 지크문트 프로이트 지음, 김석희 옮김, 열린책들, 2004

16 『바우하우스』 프랭크 휘트포드 지음, 이대일 옮김, 시공사, 2000

17 『번역어의 성립』 야나부 아키라 지음, 서혜영 옮김, 일빛, 2003

18 『산업디자인 150년 : 1830-1980』 정시화 지음, 미진사, 2003

19 『세계 문학의 구조』 조영일 지음, 비(도서출판b), 2011

20 『생명의 그물』 프리초프 카프라 지음, 김동광, 김용정 옮김, 범양사, 1999

21 『아름다움이 우리를 구원할 때』
샤를 페팽 지음, 양혜진 옮김,
이숲, 2016

22 『아름다움과 정의로움에 대하여』
일레인 스캐리, 이성민 옮김,
도서출판b 2019

23 『오래된 연장통』전중환 지음,
사이언스북스, 2010

24 『역사는 디자인된다』윤여경
지음, 민음사, 2017

25 『왜 인간인가』마이클 S.
가자니가 지음, 박인균 옮김,
정재승 감수, 추수밭(청림출판),
2009

26 『예술이란 무엇인가』레프
톨스토이 지음, 이철 옮김,
범우사, 2008

27 『이타적 인간의 출현』최정규
지음, 뿌리와이파리, 2009

28 『일상적인 것들의 철학』이성민
지음, 바다출판사, 2016

29 『진화심리학』데이비드 버스
지음, 이충호 옮김, 최재천 감수,
웅진지식하우스, 2012

30 『중용 한글 역주』도올 김용옥
지음, 통나무, 2011

31 『철학 고전 강의』강유원 지음,
라티오, 2016

32 『철학하는 날들』이성민 지음,
행성B, 2018

33 『향연』플라톤 지음, 강철웅 옮김,
이제이북스, 2014

34 『한국사람에게 아름다움이란
무엇인가』최봉영 지음,
묻따풀학당 2021

35 『아름다움의 진화』리처드 프럼
지음, 양병찬 옮김, 동아시아
2019

36 『조선시대 유교문화』최봉영
지음, 사계절 1999

37 『올 어바웃 러브』벨 훅스, 이영기
옮김, 책읽는수요일 2012

38 『주체와 욕망』최봉영 지음,
사계절 2000

참고 문헌 ————————

아름. 다움,
아름다움을 발견할 때

1판 1쇄 발행일 2022년 1월 30일

저자	윤여경
주간	이나무
디자인	섞어짜기　김의래, 박민지, 오현지
펴낸이	김문영

펴낸곳	이숲
등록	2008년 3월 28일 제301-2008-086호
주소	경기도 파주시 책향기로 320, 2-206
전화	02-2235-5580
팩스	02-6442-5581

홈페이지	http://www.esoope.com
페이스북	facebook.com/EsoopPublishing
Email	esoope@naver.com

ISBN	979-11-91131-28-4 03110
정가	18,000원

"   )   *;

/ *   °
                .
          «   ;
          *}

     »   *
             *
.. ,   «
          ')

                *

                }

                *

{   *

            °

«
*

« ر

«

زِ

* »

;   }